博雅国际汉语精品教材
北大版长期进修汉语教材

Boya Chinese
Reading and Writing (Quasi-Intermediate)

博雅汉语读写·准中级加速篇

李晓琪　主编
金　兰　金粉红　编著

图书在版编目(CIP)数据

博雅汉语读写.准中级加速篇/李晓琪主编；金兰，金粉红编著.—北京：北京大学出版社，2019.3
北大版长期进修汉语教材
ISBN 978-7-301-30291-0

Ⅰ.①博…　Ⅱ.①李…②金…③金…　Ⅲ.①汉语—对外汉语教学—教材　Ⅳ.①H195.4

中国版本图书馆CIP数据核字（2019）第032978号

书　　名	博雅汉语读写·准中级加速篇
	BOYA HANYU DUXIE·ZHUNZHONGJI JIASU PIAN
著作责任者	李晓琪　主编　金　兰　金粉红　编著
插图绘制	肖华林
责任编辑	孙艳玲　邓晓霞
标准书号	ISBN 978-7-301-30291-0
出版发行	北京大学出版社
地　　址	北京市海淀区成府路205号　100871
网　　址	http://www.pup.cn　新浪微博：@北京大学出版社
电子邮箱	zpup@pup.cn
电　　话	邮购部 010-62752015　发行部 010-62750672　编辑部 010-62753374
印 刷 者	北京宏伟双华印刷有限公司
经 销 者	新华书店
	889毫米×1194毫米　大16开本　9.75印张　195千字
	2019年3月第1版　2025年2月第2次印刷
定　　价	50.00元

未经许可，不得以任何方式复制或抄袭本书之部分或全部内容。
版权所有，侵权必究
举报电话：010-62752024　电子邮箱：fd@pup.cn
图书如有印装质量问题，请与出版部联系，电话：010-62756370

前　言

"听说读写"四项技能是第二语言学习者必备的语言技能，全面掌握了这四项技能，就能够实现语言学习的最终目标——运用语言自由地进行交际。为实现这一目的，自 20 世纪中后期起，从事语言教学工作的教材编写者们在综合教材之外，分别编写听力教材、口语教材、阅读教材和写作教材，这对提高学习者的"听说读写"四项语言技能起到了至关重要的作用。不过，由于各教材之间缺乏总体设计，各位编者各自为政，产生的结果就是教材主题比较零散，词汇量和语言点数量偏多，重现率偏低。这直接影响到教学效果，也不符合第二语言学习规律和现代外语教学原则。21 世纪以来，听说教材和读写教材开始出现，且以中级听说教材和中级读写教材为主，这是教材编写的新现象。

"博雅汉语"听说、读写系列教材突破已有教材编写的局限，根据语言教学和语言习得的基本原则，将听力教学和口语教学相结合，编写听说教材 9 册；将阅读教学和写作教学相结合，编写读写教材 6 册，定名为"博雅汉语"听说、读写系列教材。这是汉语教材编写的一次有益尝试。为保证教材的科学性和有效性，在编写之前，编者们多次研讨，为每册教材定性（教材的语言技能性质）、定位（教材的语言水平级别）和定量（教材的话题、词汇量和语言点），确保了教材设计的整体性和科学性，这符合现代外语教材编写思路和原则，也是本套教材编写必要性的集中体现。相信本套教材的出版，可为不同层次的学习者（从初级到高级）学习和掌握汉语的听说、读写技能提供切实的帮助，可为不同院校的听说课程和读写课程，提供突出语言功能的成系列的好用教材。

还要说明的是，早在 2004 年，北京大学对外汉语教育学院的一些教师已经陆续编写和出版了"博雅汉语"综合系列教材，共 9 册。该套教材十余年来受到使用者的普遍欢迎，并获得北京大学 2016 年优秀教材奖。2014 年，该套教材根据使用者的需求进行了修订，目前修订工作已经全部完成。本次编写的"博雅汉语"听说、读写系列教材，与综合教材成龙配套，形成互补（听说9册与综合9册对应，读写分为初、中、高三个级别，也与综合教材对应，详见各册教材的说明）和多维度的立体结构。无论是从教材本身的体系来看，还是从出版的角度来说，同类系列汉语教材这样设计的还不多见，"博雅汉语"系列教材的出版开创了汉语教材的新局面。

教材的独特之处有以下几点：

1. 编写思路新，与国际先进教学理念接轨

随着中国国际地位的提高，世界各国、各地区学习汉语的人越来越多，对外汉语教学方兴未艾，编写合适的对外汉语系列教材是时代的呼唤。目前世界各地编写的对外汉语教材数量众多，但是很多教材缺乏理论指导，缺乏内在的有机联系，没有成龙配套，这不利于对外汉语教学的有效开展。国内外对外汉语教学界急需有第二语言教学最新理论指导的、有内在有机联系的、配套成龙的系列教材。本套系列教材正是在此需求下应运而生，它的独到之处主要体现在编写理念上。

第二语言的学习，在不同的学习阶段有不同的学习目标和特点，因此"博雅汉语"听说、读写系列教材的编写既遵循了汉语教材的一般性编写原则，也充分考虑到各阶段的特点，较好地体现了各自的特色和目标。两套教材侧重不同，分别突出听说教材的特色和读写教材的特色。前者注重听说能力的训练，在过去已有教材的基础上有新的突破；后者注重读写能力的训练，特别重视模仿能力的培养。茅盾先生说："模仿是创造的第一步。"行为主义心理学也提出"模仿"是人类学习不可逾越的阶段。这一思想始终贯穿于整套教材之中。说和写，都从模仿开始，模仿听的内容，模仿读的片段，通过模仿形成习惯，以达到掌握和创新。如读写教材，以阅读文本为基础，阅读后即引导学习者概括本段阅读的相关要素（话题、词语与句式），在此基础上再进行拓展性学习，引入与文本话题相关的词语和句式表达，使得阅读与写作有机地贯通起来，有目的、有计划、有步骤、有梯度地帮助学生进行阅读与写作的学习和训练。这一做法在目前的教材中还不多见。

2. 教材内容突出人类共通文化

语言是文化的载体，也是文化密不可分的一部分，语言受到文化的影响而直接反映文化。为在教材中全面体现中华文化的精髓，又突出人类的共通文化，本套教材在教学文本的选择上花了大力气。其中首先是话题的确定，从初级到高级采取不同方法。初级以围绕人类共通的日常生活话题（问候、介绍、饮食、旅行、购物、运动、娱乐等）为主，作者或自编，或改编，形成初级阶段的听或读的文本内容。中级阶段，编写者以独特的视角，从人们日常生活中的喜怒哀乐出发，逐渐将话题拓展到对人际、人生、大自然、环境、社会、习俗、文化等方面的深入思考，其中涉及中国古今的不同，还讨论到东西文化的差异，视野开阔，见解深刻，使学习者在快乐的语言学习过程中，受到中国文化潜移默化的熏陶。高级阶段，以内容深刻、语言优美的原文为范文，重在体现人文精神、突出人类共通文化，让学习者凭借本阶段的学习，能够恰当地运用其中的词语和结构，能够自由地与交谈者交流自己的看法，能够自如地写下自己的观点和意见……最终能在汉语的天空中自由地飞翔。

3. 充分尊重语言学习规律

本套教材（听说教材和读写教材），从功能角度都独立成册、成系列，在教学上完全可以独立使用；但同时又与综合教材配套呈现，主要体现在三个方面：

（1）同步教材（听说、读写），每课的话题与综合教材基本吻合；

（2）每课的词汇量重合在30%～40%，初级阶段（听说1、2册）重合率达到80%～90%；

（3）语言知识点在重现的基础上有限拓展。

这样，初级阶段做到基本覆盖并重现综合教材的词语和语言点，中高级阶段，逐步加大难度，重点学习和训练表达任务与语言结构的联系和运用，与《博雅汉语》综合教材的内容形成互补循环。

配套呈现的作用是帮助学习者在不同的汉语水平阶段，各门课程所学习的语言知识（词语、句式）可以互补，同一话题的词语与句式在不同语境（"听说读写"）中可以重现，可以融会贯通，这对学习者认识语言，同步提高语言"听说读写"四项技能有直接的帮助。

4. 练习设置的多样性和趣味性

练习设计是教材编写中的重要一环，也是本教材不同于其他教材的特点之一。练习的设置除了遵循从机械性练习向交际练习过渡的基本原则外，还设置了较多的任务型练习，充分展示"做中学""练中学"的教学理念，使学习者在已有知识的基础上得到更深更广的收获。

还要特别强调的是，每课的教学内容也多以听说练习形式和阅读训练形式呈现，尽量减少教师的讲解，使得学习者在课堂上获得充分的新知识的输入与内化后的语言输出，以帮助学习者尽快掌握汉语"听说读写"技能。这也是本套教材的另一个明显特点。

此外，教材中还设置了综合练习和多种形式的拓展训练，这些练习有些超出了本课听力和阅读所学内容，为的是让学习者在已有汉语水平的基础上自由发挥，有更大的提高。

综上，本套系列教材的总体设计起点高，视野广，既有全局观念，也关注每册的细节安排，并且注意学习和借鉴世界优秀第二语言学习教材的经验；参与本套系列教材的编写者均是具有丰富教学经验的优秀教师，多数已经在北京大学从事面向留学生的汉语教学工作超过 20 年，且有丰硕的科研成果。相信本套系列教材的出版将为正在世界范围内开展的汉语教学提供更大的方便，将进一步推动该领域的学科建设向纵深发展，为汉语教材的百花园增添一束具有鲜明特色的花朵。

衷心感谢北京大学出版社的领导和汉语室的各位编辑，是他们的鼓励和支持，促进了本套教材顺利立项（该套教材获 2016 年北京大学教材立项）和编写实施；是他们的辛勤耕作，保证了该套教材的设计时尚、大气，色彩与排版与时俱进，别具风格。在此代表全体编写者一并致谢！

李晓琪
于北京大学蓝旗营

使用说明

本书为《博雅汉语·准中级加速篇Ⅱ》的配套读写教材,教授汉语阅读与写作的基本方法,并配有各种练习,适合掌握初级语法项目和1000～1500个基本词语的学习者使用。学习者可以将本书与《博雅汉语·准中级加速篇Ⅱ》配套使用,也可以单独使用。

本书的主要目标是通过词汇和语法项目的再现以及大量练习,巩固学习者在《博雅汉语·准中级加速篇Ⅱ》中学到的语言知识,同时利用阅读和写作练习,使学习者进一步掌握汉语语言结构,以达到快速阅读语言材料、熟练使用所学词汇、有效完成写作任务的目的。

本书共10课,每课分为阅读和写作两个部分,在复现《博雅汉语·准中级加速篇Ⅱ》的词汇和语法项目的同时,侧重学习者阅读能力和写作能力的训练。每课的阅读部分选取与本阶段学习者水平相适应的语言材料,主要为国内杂志、报纸、新闻网站的选文和编者自编短文,话题涉及人与人之间的感情如爱情、亲情,人与自然的相处,不同国家的文化差异如送礼、恋爱观,生活方式如运动健身及名人故事等。同时,结合话题内容安排写作训练,并进行写作方法的指导。

对于本书的使用,我们提出以下建议,以供参考。

一、阅读训练

阅读部分有2篇文章,每篇文章由导入性问题、标题、正文、生词表、练习题组成。阅读文章前设计一两个热身问题,引导学习者进行思考讨论,调动课堂气氛;正文部分2篇文章在内容上相互关联,在结构上互有重叠,以强化记忆;生词表提供词性、拼音、英文释义和例句,方便学习者及时查阅;练习涵盖文章理解和词语运用两方面内容，前者主要考察学习者的快速阅读能力和细节抓取能力，后者主要针对文章中出现的实词。

二、写作训练

写作部分结合过程写作和任务型写作的教学思路，在阅读练习的基础上，通过热身活动、写作任务、实战练习和定稿等4个步骤，训练学习者的写作技巧。

① 热身活动通过提问的方式，让学习者初步了解写作内容，为下一步的写作练习做好准备。

② 写作任务通过"学一学""练一练"，将写作技能和语言知识融入各种练习，引导学习者在学习汉语表达方式的同时掌握写作技能。"学一学"的范围很广，从标点符号到文章结构，从如何开头到如何结尾，从记叙文到议论文，从简单句到复杂句，从关联词到段落连接，循序渐进，引导学习者了解文章的基本结构，掌握写作方法。"练一练"提供了丰富多样的练习，从选词填空到改写句子，从完成对话到用指定词语回答问题并整理成短文，从看图写句子到缩写短文，从不同角度训练学习者连词成句、连句成篇的能力。

③ 实战练习则以问答等形式，将学习者自然带入写作环节，使写作难度大大降低，有利于增强学习者的学习兴趣。这部分还设计了"跟同学交换作文"的环节，通过找出同学作文中的错误和佳句，调动学习者的积极性，增强学习的主动性。

④ 定稿部分要求学习者书写全文，最终完成写作任务。

三、配套资源

每课附配套资源，并在最后附词汇表。学习者可通过扫描每课二维码获取课文及生词录音、练习参考答案等配套资源；书后附词汇表，按音序排列，方便学习者使用。

最后感谢北京大学出版社为本书提供的平台，感谢责任编辑的辛劳付出，同时也感谢肖华林先生，为本书绘制了12幅精美插图。

由于编者水平有限，书中错误在所难免，恳请读者不吝赐教。

编　者

目录

第1课　爱情抉择 ………………………………………………… 1

　　阅读（一）　尘世间最痛苦的事 ……………………………… 1

　　阅读（二）　等　　待 ………………………………………… 4

　　写　作 …………………………………………………………… 7

第2课　风雨真情 ………………………………………………… 14

　　阅读（一）　诚实的司机 ……………………………………… 14

　　阅读（二）　迟来的团聚 ……………………………………… 18

　　写　作 …………………………………………………………… 21

第3课　面试求职 ………………………………………………… 27

　　阅读（一）　机会永远留给有准备的人 ……………………… 27

　　阅读（二）　一次尴尬的面试经历 …………………………… 31

　　写　作 …………………………………………………………… 35

第4课　大爱无疆 ………………………………………………… 40

　　阅读（一）　猎人与熊 ………………………………………… 40

　　阅读（二）　温暖的陌生人 …………………………………… 44

　　写　作 …………………………………………………………… 47

第5课　爱与尊重 ………………………………………………… 55

　　阅读（一）　你的钱夹里有谁 ………………………………… 55

阅读（二）	炫耀的爱心是一把利斧	58
写　作		62

第6课　生而为人　　69

阅读（一）	生　　活	69
阅读（二）	善待自然	72
写　作		75

第7课　文化差异　　82

阅读（一）	东西方送礼习惯比较	82
阅读（二）	中国人和美国人的恋爱差异	86
写　作		90

第8课　完善自我　　97

阅读（一）	中国的年轻人	97
阅读（二）	做一个可以创造成就感和幸福感的人	100
写　作		105

第9课　运动健身　　112

阅读（一）	谁在帮助运动员	112
阅读（二）	切勿久坐	115
写　作		119

第10课　名人故事　　126

阅读（一）	才女杨绛	126
阅读（二）	海明威魔咒	130
写　作		134

词汇表　　139

第1课　爱情抉择

配套资源

阅读（一）

你谈过恋爱吗？恋爱时，最让你感到幸福（或痛苦）的事情是什么？你做过什么浪漫（或傻）的事情？

尘世间最痛苦的事

他一闭上眼睛，眼前就是她的影子。他想念她，想念跟她在一起的每一个时刻，他深深地爱上了她。可是他已经结婚了，而且有三个女儿。

为了自己的爱，他离婚了。除了离婚，他想不出别的办法来。他的父亲听说这事以后，气得发抖，脸色非常难看地说："你真是无情无礼无法无天！你不能这样做！"他却说："我非离婚不可，因为我爱上了别人！"

他花了很多精力给她写爱情诗，并在课堂上朗读给学生听，看起来很傻，但是他自己根本意识不到。他总是对她不放心，给她写了很多信，还偷偷去看她。

几十年过去了，他的头发渐渐白了，腰也渐渐弯了，但仍然爱她。她去了美国，他还是跟别人打听她的消息，可是，他再也没见过她。

1. 尘世（名）chénshì the mortal world
2. 时刻（名）shíkè moment / 他总是在最关键的~站出来发言。
3. 离婚 lí hūn to divorce / 他~以后一个人孤独地生活。| 他结过三次婚，也离过三次婚。
4. 无情无礼 wúqíng-wúlǐ heartless and unreasonable
5. 无法无天 wúfǎ-wútiān totally devoid of conscience and respect for the law
6. 根本（副）gēnběn at all / 他~就没有想到这些问题。| 这个学生~就不会说汉语。
7. 打听（动）dǎting to inquire about / 他到处~在哪里可以买到这本书。

然而，她却不爱他。1999年，她已经是101岁的老奶奶了，有人问她："《吴宓日记》① 出版了，里边有很多关于爱您的内容，您怎么想？"她说："他是个读书人，他是单方面的。"

爱情这个题目真的很难，有的人可能经历很多痛苦，却永远找不到答案，包括吴宓。但答案一定在一个地方静静地等着你。

（选自《读者》2009年第4期，朱晖，有改动）

> 8. 然而（连）rán'ér however / 他虽然失败了很多次，~并不灰心。
> 9. 出版（动）chūbǎn to publish / 这个作家已经~了十多本小说了。

注释

① 吴宓（Wú Mì）（1894—1978），陕西省泾阳县人。中国现代著名西洋文学家、国学大师、诗人。《吴宓日记》共十册，收录了吴宓1910年至1948年所写的日记。

练习 Exercises

一 判断对错

☐ 1. 他爱上她时，他已经结婚了。
☐ 2. 离婚时他跟父亲并没有产生矛盾。
☐ 3. 他是个教书先生。
☐ 4. 他对她的爱终于感动了她。
☐ 5. 她从来都没有爱过他。

二 根据文章内容回答问题

1. 他为什么离婚？

2. 他为什么看起来很傻？

3. 她跟他结婚了吗？
_____

4.《吴宓日记》里写了什么？
_____

5. 她对他有什么看法？
_____

三 根据文章内容排列出正确顺序

1. 他爱上了她，决定离婚。
2. 他给她写爱情诗，写信，偷偷去看她。
3. 爱上她以前，他已经结婚了。
4. 父亲气得发抖，觉得他无情无礼。
5. 他打听她的消息。
6. 她去了美国。

□　□　□　□　□　□

四 选择合适的词语填空

时刻　打听　出版　影子　发抖　精力　傻　朗读

1. 学好外语的一个好方法是每天大声（　　　）单词或课文。
2. 我永远忘不了收到北京大学录取通知书时的那个幸福（　　　）。
3. 对面走过来一个漂亮的女孩儿，他简直看（　　　）了。
4. 得知自己的孩子打伤了别的小朋友，妈妈气得全身（　　　）。
5. 虽然我们分开很多年了，但她的（　　　）仍然时常出现在我的梦里。
6. 为了保持旺盛的（　　　），他每天都去健身房运动。
7. 我（　　　）了，这种小吃可以在王府井买到。
8. 两年之内他已经（　　　）了三本小说了。

五 用所给词语或句式完成对话

1. A：多年不见，我们难得在一起吃饭，你为什么不喝酒？　　（一……就……）
   B：_____。

2. A：今天我请客，你喜欢吃什么随便点。　　　　　　　　　　　（除了……）
   B：_____。

3. A：我只想在家里休息，不想去医院看医生。　　　　　　　　（非……不可）
   B：_____。

4. A：我昨天好像在图书馆看见你了。　　　　　　　　　　　　　　（根本）
   B：_____。

5. A：来北京以后，你最大的变化是什么？　　　　　　　　　　　　（渐渐）
   B：_____。

6. A：你最近又迟到了吗？　　　　　　　　　　　　　　　　　（再也没……过）
   B：_____。

阅读（二）

你有过等待别人的经历吗？发生了什么？结果怎么样？请描述一下等待时的心情。

等 待

她一到海边，就会想起他。她记得他，记得他们在一起的日子，她永远忘不了他。可是他已经出国了，而且已经去了十年了。

为了自己的理想，他选择了出国。除了出国，他想不出别的办法来。他出国以后，她想他想得难过，用发抖的声音问："你真的不回来了吗？"他说："我会回来的。但我现在非读书不可！"

她花了很多时间给他写信，还给他写歌，每天都唱，看起来很傻，但是她自己根本意识不到。她总是对他不放心，给他打了很多电话，还常常去他

1. 等待（动）děngdài to wait / 耐心地~时机

2. 选择（动）xuǎnzé to choose / ~什么专业，对一个大学生来说非常重要。

第1课 爱情抉择

家看他的父母。

十年过去了,她的青春小鸟已经飞走了,她的脸上也渐渐有了皱纹,但仍然爱他。她一直在等他回来,但再也不给他写信了。

突然有一天,有人打电话找她,问她能不能去海边见一个人。她去了,见到了他。她没有哭,也没有笑,只是轻声说:"你回来了?"他点了点头。她意识到,自己已经不爱他了,她爱的是十年前的那个他——一个影子。

十年的等待就这样结束了。爱情真是一个很**奇怪**的东西,你想得到的时候,可能很难得到,你得到的时候,可能又不想要了。

3. 突然(形)tūrán sudden / 他来得很~,让我一点儿心理准备也没有。| 我~想起来,自己还没做完作业。

4. 奇怪(形)qíguài strange / 真~,为什么这么晚了他还不来呢?

练习 Exercises

一 判断对错

☐ 1. 他出国是为了实现自己的理想。
☐ 2. 她在等他的过程中一直跟他保持着书信联系。
☐ 3. 他走了将近十年才回来。
☐ 4. 他们两个人是在他父母家见面的。
☐ 5. 她对他的爱渐渐发生了变化。

二 根据文章内容选择正确答案

1. 他们以前可能经常在_____见面。
   A. 国外　　　　　　　　　　B. 海边
   C. 大学　　　　　　　　　　D. 他父母家

2. 她没有为他做过的事情是_____。
   A. 写信　　　　　　　　　　B. 打电话
   C. 写歌　　　　　　　　　　D. 发电子邮件

3. 他们重逢的方式是_____。
   A. 她去国外找他　　　　　　B. 偶然在路上遇到
   C. 有人打电话要求见面　　　D. 在海边散步时

4. 下列描述与文章不相符的是_____。
   A. 她见到他时非常激动　　　B. 她等他等得都老了
   C. 他当时认为出国是唯一的选择　　D. 别人都不太理解她的行为

三 根据文章内容排列出正确顺序

1. 十年的等待就这样结束了。
2. 他为了自己的理想选择了出国。
3. 有人给她打电话问能否去海边见一个人。
4. 她的脸上渐渐有了皱纹。
5. 她花了很多时间给他打电话，还去看他的父母。
6. 爱情真是个奇怪的东西。

□ □ □ □ □ □

四 看拼音写汉字，并填空

1. 我觉得很（　　　），他为什么每次考试都能考第一名？
2. 有的时候，我感觉正确的（　　　）比努力更重要。
3. 虽然已经睡了七个小时，但我（　　　）觉得很困。

第 1 课　爱情抉择

4. 为了让孩子（　　　　）诚实的重要性，妈妈批评了孩子。
5. 随着（　　　　）的流逝，我越来越感觉到友谊的珍贵。
6. 没想到外边突然下起雪来，我冻得（　　　　）。
7. 每个人都会有老去的那一天，脸上长（　　　　）是一件很正常的事情。
8. 妻子已经习惯了每天站在门口（　　　　）下班回家的丈夫。

写 作

一　热身活动

在写作中，我们经常会使用标点符号，可是你知道它们的汉语名称及正确用法吗？请写出你知道的标点符号。

二　写作任务

[任务 1] 标点符号的用法

学一学

汉语常用标点符号

标点符号	名称	用法及例句
，	逗号 dòuhào	标示一句话中间的停顿。 例：关于这个城市，我知道的比你多。
。	句号 jùhào	标示一句话说完之后的停顿。 例：他吃完饭就走了。
：	冒号 màohào	① 用来提示下文，引出解释或说明。 例：前人的经验告诉我们：失败是成功之母。 ② 引出说话的内容。 例：孩子问："妈妈，这是真的吗？"

（续表）

标点符号	名称	用法及例句
" "	引号 yǐnhào	① 标示引用的部分。 例：俗话说："胜败乃兵家常事。"一次没考好没关系。 ② 标示需要特别指出的部分，如简称等。 例：他们是身体好、学习好、品德好的"三好"学生。 ③ 表示讽刺或否定的意思。 例：这样的"聪明人"还是少一点儿好。
！	叹号 tànhào	一般表示高兴、激动，表达人物强烈的感情。 例：玛丽望着长城情不自禁地说："这儿的风景真美啊！"
？	问号 wènhào	用在问句之后。 例：你是哪国人？你为什么喜欢学汉语？
——	破折号 pòzhéhào	① 标示声音的延续、拖长。 例："呜——"火车开动了。 ② 标示回答、解释或说明。 例：为什么他们要这样生活呢？——因为他们是养蜂人。
……	省略号 shěnglüèhào	① 标示文中省略的部分。 例：乒乓球、篮球、网球……只要是球类运动我都喜欢。 ② 标示由于心情紧张、激动，说话断断续续。 例：老师第一天上课很紧张，说："今……今天……我……我们……学习……第……第一课。"
《 》	书名号 shūmínghào	标示书籍、报纸、刊物、文件、电影等的名称。 例：昨天我去书店买了一本《哈利·波特》。
；	分号 fēnhào	标示一句话中并列分句之间的停顿。 例：吃东西吧，怕胖；不吃东西吧，又怕饿，真没办法。

第 1 课　爱情抉择

（续表）

标点符号	名称	用法及例句
、	顿号 dùnhào	标示句中并列的词或词组之间的停顿。 例：我喜欢吃苹果、香蕉、葡萄、西瓜等水果。
·	间隔号 jiàngéhào	① 标示外国人或少数民族人名中的分界。 例：迈克尔·杰克逊 ② 标示月份和日期之间的分界。 例：一二·九运动
（　）	括号 kuòhào	标示文中注释的部分。 例：中国猿人（简称"北京人"）的发现，是对古人类学的一个重大贡献。

练一练

1. 用指定的标点符号完成句子

（1）面对北京的堵车问题，你会说什么？　　　　　　　　　　　　　　！

（2）你读过什么书？　　　　　　　　　　　　　　　　　　　　　《　》

（3）给自己喜欢的球队加油时，你会怎么说？　　　　　　　　　　　——

（4）你喜欢旅游吗？请说说你去过哪些国家。　　　　　　　　　　　、

（5）今天你的朋友说过什么？　　　　　　　　　　　　　　　　　　" "

2. 在下列方框内加上标点符号

		夏	日	的	晚	上		小	丽	穿	着	拖	鞋	坐	在	草	地	上	数	星
星		一	颗	星		两	颗	星		三	颗	星			忽	然	小	丽	感	到
一	个	又	凉	又	软	的	东	西	从	脚	上	滑	过		她	一	看		突	然
跳	了	起	来		大	叫	了	一	声		蛇		随	后	就	晕	倒	了		

3. 根据下面的文字提示，运用五种以上的标点符号，写一段男生、女生和老师的对话（注意发挥想象力）

　　一个男生看不起同桌的女生，因为她长得不好看，而且学习也不好。有一次，这个女生捡到了一块手表并交给了老师，受到了老师的表扬。男生听后，笑话这个女生。女生听了男生的话，非常生气。

_____
_____
_____
_____
_____
_____

[任务2] 标点符号的应用

学一学

常用句式和词语	例句
一……就……	她一见到狗，腿就发抖。
为了……	为了等她，他在咖啡馆里坐了4个小时。

第 1 课　爱情抉择

(续表)

常用句式和词语	例句
除了……	除了矿泉水，她什么都不喝。
非……不可	他不听别人的劝告，非要游泳不可。
然而	老王看起来是一个非常乐观的人，然而，他的内心却充满了忧伤。
时刻	那只小狗需要时刻注意经过家门口的每一个行人。

练一练

1. 根据"阅读(二)"回答问题并整理成一段话，使用指定词语，注意标点符号的用法

> 一……就……　　为了……　　然而　　再也没……过　　想起
> 选择　　理想　　难过　　发抖　　仍然　　渐渐　　等待

（1）她会在哪里想起她的男朋友？
（2）她的男朋友为什么出国？
（3）她为什么难过？
（4）她等了他多长时间？
（5）她的等待有结果吗？结果是什么？

_____
_____
_____
_____

2. 参考指定句式和词语回答问题并整理成一段话,注意标点符号的用法

(1) 看到"爱情"这两个字,你会想到什么?(一……就…… 经历 想念 发抖)
(2) 为了爱情,你会做什么?(为了…… 仍然 打听)
(3) 除了爱情之外,你的生活中还有什么重要的东西?(除了…… 包括 渐渐)
(4) 你有过不顾一切的时候吗?(非……不可)
(5) 你有过别人不理解你的时候吗?(意识到 然而)
(6) 你有过只关心一件事情的时候吗?(时刻 根本)

三 实战练习

1. 范文欣赏

爱 情

他永远不会忘记那一天,在一个森林公园里,他爱上了她。

他当时正在爬山。在瀑布旁边的一条小道上,一个女孩儿的包掉到了山下,她很着急,他便帮忙去捡。下山的时候,他很自然地扶她一下,或拉一下她的手。包找回来以后,他们便一起爬山,一路聊天儿。在旁人眼里,他们就像情侣,但只有他们自己知道,彼此之间,还没有到那一步,只是有种说不出的感觉。这时,旁边有人撞了她一下,她的身体倒向他,他一下子抱住了她!一瞬间,他的心跳加速,手也开始发抖。他偷偷看了女孩儿一眼,她的脸也红了。这是他第一次抱一个女生,这种感觉太奇妙了。下山的时候,他试着去拉她的手,她有点儿害羞,但没有拒绝。他们像其他情侣那样,牵着手看风景,目光里满是喜悦。

> 那一天,他意识到自己恋爱了。他尝到了想念的滋味,他的心里除了她没有别人,他可以为她去做以前不会做的傻事,他甚至告诉自己:"我非娶她不可!"
>
> 原来这就是爱情啊!

2. 完成初稿

你有喜欢的人吗?根据你自己的经历,写一篇不少于300字的作文,注意标点符号的用法。建议从以下几个方面来写:

(1)认识的过程;
(2)喜欢他/她的原因;
(3)为他/她做过的有意义的事情。

参考题目:我的初恋 我的梦中情人

参考句式和词语:

> 根本 渐渐 为了…… 除了…… 再也没……过
> 非……不可 然而 时刻 一……就……

3. 跟同学交换初稿,并完成练习

(1)各段内容都清楚吗?有什么需要补充?
(2)找出同学作文中的错误并修改;
(3)找出同学作文中的好句子,试着用到你的作文中。

四 定稿

请把修改后的作文写在作文纸上。

第 2 课　风雨真情

阅读（一）

你经常打车吗？你喜欢什么样的出租车司机？请讲述一次难忘的打车经历。

诚实的司机

　　下雪了。她站在雪中等出租车，手里拿着包。这样的天气打车很难，又是晚上，本来就很重的包更重了。终于，有一辆车停在了她面前。

　　她上车坐下后，开始悄悄观察那位司机。司机一张口说话，她就听出他是郊区农民。他显然已经开了一天车了，车上有一股浓浓的烟味儿和汗味儿。因为冰雪，车开得很慢。当车开到她家的时候，她跟司机说，车里有味儿，所以不能给他那么多钱，

1. 打车 dǎ chē to take a taxi / 时间太紧了，我们还是~去机场吧！｜天太晚了，这里打不到车。
2. 郊区（名）jiāoqū suburb / 他在~买了一个大房子，每到周末就会去那里住两天。
3. 农民（名）nóngmín farmer / 现在的中国，有很多~到城市里打工，我们叫他们"~工"。
4. 股（量）gǔ measure word for gas, smell, strength etc. / 一~热气｜一~香味儿｜一~劲儿
5. 浓（形）nóng dense; strong / 晚上喝了一杯~茶以后睡不着了。
6. 味儿（名）wèir smell / 他身上有一股很浓的烟~。｜运动以后洗澡是为了去掉身上的汗~。
7. 冰雪（名）bīngxuě ice and snow / 在中国的北方，到了冬天~天气常常出现。

第 2 课　风雨真情

她必须扣十元钱。司机情绪激动地跟她争吵了十分钟。后来他停止了争吵，车在冰雪中渐渐走远了。她觉得自己是一个胜者。

这时她突然想起来，包忘在车上了！她呆住了，里面的人民币是一个巨大的数字：十万元。她又着急又害怕，血液仿佛停止了流动。她愁得要命，给朋友们打电话，问他们怎么办。朋友告诉她，处在这样一种情况下，她只能站在下车的地方等。

她绝对没有想到，司机真的回来了，并把她的包还给了她。他没有为了一时的利益而留下她的钱。她从包里拿出一沓人民币给司机，司机不要。她的眼泪流了出来。

司机伸出手，语气平静地说："你把刚才少给我的十块钱还给我。"

雪下得更大了。

（选自《读者》2008 年第 7 期，原题《冰雪人民币》，余途，有改动）

8. 扣（动）kòu to deduct / 因为迟到，这个月的奖金~了五十块钱。
9. 争吵（动）zhēngchǎo to quarrel / 既然意见已经一致了，就不必再继续~了。
10. 胜者（名）shèngzhě winner / 他是这次比赛的~。｜历史往往是由~书写的。
11. 还（动）huán to return / 我把从图书馆借来的书按时~回去了。
12. 沓（量）dá measure word / 一~钱｜一~纸｜我把报纸一~一~地整理好了。
13. 伸出（动）shēnchū to reach out / 看到被大风吹倒的自行车，他~手扶了起来。
14. 平静（形）píngjìng calm / 他激动的心情久久不能~。

练习　Exercises

一　根据文章内容选择正确答案

1. 她打车很难，是因为＿＿＿＿＿＿。
   A. 她拿着包　　　　　　　　B. 天气不好
   C. 她是个女的　　　　　　　D. 她等的时间很短

2. 司机一张口说话，她发现＿＿＿＿＿＿。
   A. 他是郊区农民　　　　　　B. 他正在车里抽烟
   C. 他身上有汗味儿　　　　　D. 他是第一天开车

3. 出租车到她家时，_____。
   A. 她不愿意给钱　　　　　　B. 司机多要钱
   C. 她想少给钱　　　　　　　D. 司机不要钱

4. 她又着急又害怕，是因为_____。
   A. 司机偷走了她的包　　　　B. 怕司机来找她打架
   C. 她要在外边等　　　　　　D. 她落在车里的包内有很多钱

5. 最后，她流眼泪不是因为_____。
   A. 司机知道自己错了　　　　B. 司机只要被扣的十块钱
   C. 司机没有拿走巨款　　　　D. 司机把包还给了她

二 根据文章内容回答问题

1. 她为什么打车？
   _____

2. 出租车里有什么味儿？为什么？
   _____

3. 他们两个人为什么争吵？
   _____

4. 她为什么觉得自己是一个胜者？
   _____

5. 出租车离开后她发现了什么？做了什么？
   _____

6. 司机为什么又回来了？
   _____

7. 司机伸出手跟她要什么？为什么？
   _____

第 2 课　风雨真情

三 根据文章内容填表

1. 文章中出现的四次"雪":	① 下雪了,她站在雪中等出租车。 ② ③ ④
2. 关于出租车司机,我们可以知道:	① 他一张口说话,就听出他是_____。 ② 他显然_____,车上有一股_____。 ③ 他情绪激动地_____。 ④ 他真的回来了,_____。 ⑤ 他语气平静地说:"_____。"
3. 根据提示词,复述文章内容:	下雪了→打车→到家→扣钱→争吵→忘了包→愁→问朋友→等→还包→一沓钱→伸出手→雪下得更大了。

四 连线

一沓　　　　　　钱　　　　　　停　　　　　　车

一笔　　　　　　　　　　　　　　　　　　　　赛

一堆　　　　　　报纸　　　　　　停止　　　　　比赛

显然　　　　　　差别　　　　　　一股　　　　　香味儿

明显的　　　　　是对的　　　　　一滴　　　　　雨水

17

阅读（二）

你和家人的关系怎么样？如果你跟家人发生矛盾，会怎么解决？

迟来的团聚

下雨了。他在雨中等人，手里拿着伞。这样的天气等人很麻烦，又是晚上，本来就很乱的心更乱了。

他从小就没有父母，今天下午下班前，突然有一个女人打电话来，说有重要的事情见他，他有点儿紧张。终于，一个女人来到他面前。他跟她打招呼后，开始悄悄观察她。她一张口说话，他就听出她的情绪很激动。她显然年纪已经不小了，头上有几滴汗水和雨水。他发现她的眼睛很熟悉，因为自己的眼睛跟她的很像！他的血液仿佛停止了流动，他猜她可能是自己的妈妈。

因为风雨，他们走得很慢，他帮她拿着包。当他们走到他家的时候，女人拿出了一张他小时候的

1. 团聚（动）tuánjù to have a reunion /全家~

2. 发现（动）fāxiàn to find; to discover /这两天，我~他好像有什么心事。| 科学家在海洋里~了一个新物种。

3. 风雨（名）fēngyǔ wind and rain; hardship / 在一个~交加的夜晚，他来到了这个城市。| 不经历~，怎么能获得成功？

照片,说:"我是你妈妈,年轻的时候因为一时糊涂而离开了你,对不起!你还会接受我吗?"

他看着照片,眼泪流了出来。他绝对没有想到,妈妈真的回来了!

他张开双臂:"妈妈,你回来吧!我再也不让你离开我了!"

雨下得更大了。

> 4. 糊涂(形)hútu muddled / 他越解释,我越~。| 人岁数大了,就容易做出一些~的事。
> 5. 离开 lí kāi to leave / 他~祖国已经快二十年了。| 人们越来越离不开手机了。

练习　　Exercises

一　判断对错

☐ 1. 他们见面时,他和她都很激动。
☐ 2. 他知道是妈妈打来的电话,所以有点儿紧张。
☐ 3. 他眼中的她已经不年轻了。
☐ 4. 她拿出了一张母子合影的照片。
☐ 5. 他原谅并接受了妈妈。

二　根据文章内容回答问题

1. 等人的时候,他为什么觉得心乱?

2. 他是如何猜到眼前的女人可能是自己的妈妈的?

3. 妈妈年轻时为什么离开他?

4. 他为什么看到照片会哭?

5. 他希望妈妈回来吗?

三 熟读文章后填空

　　下雨了。他在雨中等人，手里拿着伞。这样的天气等人很（　　　　），又是晚上，（　　　　）就很乱的心更（　　　　）了。

　　他从小就没有父母，今天下午下班前，突然有一个女人打电话来，说有重要的事情见他，他有点儿（　　　　）。终于，一个女人来到他面前。他跟她打（　　　　）后，开始悄悄（　　　　）她。她一张口说话，他就听出她的（　　　　）很激动。她显然年纪已经不小了，头上有几（　　　　）汗水和雨水。他发现她的眼睛很（　　　　），因为自己的眼睛跟她的很（　　　　）！他的（　　　　）仿佛停止了流动，他（　　　　）她可能是自己的妈妈。

　　因为风雨，他们走得很慢，他帮她拿着包。（　　　　）他们走到他家的时候，女人拿出了一张他小时候的照片，说："我是你妈妈，年轻的时候因为一时（　　　　）而离开了你，对不起！你还会（　　　　）我吗？"

　　他看着照片，眼泪流了出来。他（　　　　）没有想到，妈妈真的回来了！他张开（　　　　）："妈妈，你回来吧！我（　　　　）不让你离开我了！"

　　雨下得更大了。

四 根据提示词复述文章内容

文章开始	下雨了
故事发展	要素： 人物： 时间： 地点： 顺序： 先…… 然后…… 最后…… 线索： 他在雨中等人→心乱了→下班前的电话→打招呼→观察→他发现→他猜→因为风雨→走到他家→女人拿出照片→他流泪→他张开双臂
文章结尾	雨下得更大了

第 2 课　风雨真情

写　作

一　热身活动

你知道怎么写故事吗？请分小组讨论，说一说你一般怎么写故事的开头。

二　写作任务

[任务1] 记叙文的开头

学一学

记叙文的开头有以下几种方式：

1. 交代目的：这篇文章要写什么？写一个人或一件事，直接告诉读者你要写什么。
   如：有这样一个人。
   　　我听说过这样一件事。
   　　朋友，你要我告诉你一些关于那个老人的最后的事情。（巴金《永远不能忘记的事情》）

2. 点出题目：第一句话中有这篇文章的题目。
   如：我与父亲不相见已二年余了，我最不能忘记的是他的背影。（朱自清《背影》）

3. 交代时间：第一句话就写出故事发生的时间。
   如：1893年，一个伟大的人物诞生了。
   　　那是2010年的春天。

4. 交代地点：第一句话就写出故事发生的地点。
   如：在北京的一个胡同里住着一位老人。
   　　美国，华盛顿。

5. 交代环境：第一句话写景色、天气等。
   如：山，好大的山啊！
   　　深秋了，天空是灰色的，空气冷冷的。

6. 引用名言：名人说过或写过的话。
   如："轻轻的我走了，正如我轻轻的来。"（徐志摩《再别康桥》）
   　　子曰："三人行，必有我师焉。"

练一练

选择一个合适的句子填空

_____邓小平走下飞机。这是一个历史性的时刻,是中美关系的里程碑。1979年1月1日,中美正式建交。1月28日邓小平便访问了美国。(《邓小平访美》)
A. 有这样一个人,
B. 我听说过这样一件事,
C. 美国,华盛顿,

_____她从医生那里得知,自己得了癌症(cancer)。医生告诉她,如果好好治疗,这个病是可以治好的。可是她并不相信医生的话。　　(《哀伤》)
A. 她还那么年轻,就得了癌症,
B. 听到这个消息,她不吃也不喝,就那么呆呆地坐着,
C. 那是一个秋天,

_____自从来到中国学习汉语,我认识了很多新朋友。他们不仅是我的同学,也是我的老师。　　(《我的同学》)
A. "轻轻的我走了,正如我轻轻的来。"
B. 子曰:"三人行,必有我师焉。"
C. 罗曼·罗兰说过:"母爱是一种巨大的火焰。"

_____那天在地铁里,人不多。一个农民工拿着几个大包上了车,因为身上有汗味儿,他坐在了地上。一个年轻人看见了,就请他坐到椅子上。农民工说:"我身上脏。"年轻人说:"没关系,你就坐在我旁边吧。"　　(《一件小事》)
A. 在北京的一个胡同里,住着一位老人。
B. 1893年,有一个伟大的人物诞生了。
C. 我曾经遇到过这样一件事。

第 2 课　风雨真情

[任务 2] 叙事过程的描写（一）

学一学

常用句式和词语	例句
又……又……	房间里又闷又热，他想打开窗户透透气。
……着……	他右手抱着孩子，左手拿着包。
一时	他说他一时糊涂，拿走了我的钱。
为了……而……	他为了挣钱而工作。
悄悄	小刘悄悄走到他跟前，递给他一封信。
显然	我告诉她这个好消息后，她笑了，显然很高兴。
再次	我们的邀请再次遭到他的拒绝。
越……越……	那个孩子越长越像他爸爸。
想起来	他到家才想起来，自己的包落在车上了。

练一练

描写图片

要　素：开头　人物　时间　地点　先……　然后……　最后……　结尾

参考词语：

> 天气　又冷又饿　又气又急　骑着自行车　打着伞　一时着急　一时疏忽
> 显然没看见　风越刮越大　雨越下越大　想起来　再次确认　悄悄离开

三　实战练习

1. 范文欣赏

信　任

这是一件小事，但我永远也忘不了。

那天，下着小雨。我在街上走着，看见前面有一位妇女，怀里抱着一个小女孩儿，应该两岁左右吧。这个小孩儿又黑又瘦，衣服又脏又破，用乞求的目光望着路过的行人。我想她们应该好几天没吃东西了吧。周围有一些人看着她们，我也忍不住停下了脚步。

这时，一个六七岁的小男孩儿走了过来，用好奇的目光望了望她们。只听这位妇女说："小朋友，给我们一点儿钱吧，我们已经好几天没有吃东西了！"她的眼睛里充满了期盼，正在无声地求着这个小男孩儿。小男孩儿用手摸了摸口袋，掏出了一张皱皱的五元钱，给那位妇女递去。

"别给她！"一个年轻漂亮的女人说，"她有手有脚，为什么不去找工作呀？为什么在这儿要钱？"周围的人也议论起来："是呀！肯定是骗人的！"小男孩儿犹豫了，把手收了回来。

第 2 课　风雨真情

　　几分钟过后，小男孩儿再次伸出了手，把已经握得热乎乎的五元钱给了那位妇女。只用甜甜的声音说了一句："我相信她！"然后就走了。

　　我愣住了，所有的人都愣住了，都对小男孩儿的做法感到吃惊。我原以为小男孩儿会收起这五元钱，自己去买东西，没想到他还是把钱给了这位妇女。看得出这个小男孩儿是多么相信这位妇女，同时又是多么同情她呀！在场的人也纷纷拿出钱来给这位妇女，只有那个漂亮的女人还愣在那里。

　　雨越下越大，一阵风吹来，让人感到一丝寒冷。望着小男孩儿远去的背影，我的心里暖暖的。回头再看那个漂亮的女人，突然觉得她也不是那么漂亮了……

　　回到家里，我回想起刚才的那一幕，明白了一件事：外表美丽并不重要，心里美才是真正的美。

（选自小荷作文网，有改动）

根据文章内容填表

① 文章是怎么开头的？用了什么方法？	
② 事情是怎么发展的？	要素： 人物： 时间： 地点： 顺序： 先…… 然后…… 最后……

(续表)

③ 文章是怎么结尾的？	
④ 对这件小事作者是怎么想的？	

2. 完成初稿

你生活中一定也有让你难忘的故事，根据你的经历，写一篇记叙文。建议从以下几个方面来写：

（1）故事的开头；
（2）故事的发展过程；
（3）故事的结尾；
（4）你的想法。

参考题目：一次奇特的经历　激动人心的时刻　妈妈的爱
参考句式和词语：

> 又……又……　再次　越……越……　悄悄
> 显然　一时　想起来　……着……

3. 跟同学交换初稿，并完成练习

（1）各段内容都清楚吗？有什么需要补充？
（2）找出同学作文中的错误并修改；
（3）找出同学作文中的好句子，试着用到你的作文中。

四　定稿

请把修改后的作文写在作文纸上。

第3课 面试求职

配套资源

阅读（一）

你参加过什么样的面试？面试之前做了哪些准备？请讲一下这次面试经历。

机会永远留给有准备的人

那一天，我去一家单位面试。房间里坐着五个人，四男一女，个个表情严肃。进门前我跟自己说了好几遍"千万不要紧张"，可是当我看到面试官时，还是有点儿紧张。

"您好！"我朝中间那位领导模样的男子问候了一句。"领导"看了我一眼，没回答，也没有接我递给他的简历，而是继续看他手中的那份表格。这时，旁边一位穿蓝色衬衫的年轻人对我说："请坐。请简单介绍一下自己。"

这很容易。为了应聘这份工作，我提前准备了问题。现在，我只需要面带微笑，用流利的语言重复一遍。

"领导"开口说话了，他的声音透出一种威严："你应聘的是办公室主任，请谈谈你对这一职位的

1. 严肃（形）yánsù serious / 他是个~的人，从来不开玩笑。| 会场的气氛既~又隆重。
2. 面试官（名）miànshìguān interviewer / 面试的时候，他给所有~留下了深刻的印象。
3. 模样（名）múyàng appearance / 你穿成这~，我几乎认不出来了。| 看他的~就知道他正在生气。
4. 问候（动）wènhòu 问好。/ 我父母让我向您转达他们的~。
5. 表格（名）biǎogé form / 把填完的~放在桌子上。
6. 透（动）tòu to appear / 他的脸上~出了满意的神情。
7. 威严（名、形）wēiyán majesty; majestic / 他摆出了家长的~，吓了孩子一跳。| 神色~
8. 职位（名）zhíwèi position / 这个~要求工作人员会日语。

27

认识。假如应聘成功，你将如何开展工作？"

"领导"果然不一般，问题提得很尖锐。我还是按照准备好的答案回答了他的问题。这时候，除了"领导"之外，其他四个人都在桌子上写着什么。

突然，坐在最右边的女士问我："我们是一个新成立的公司，你认为公司今后的主要业务是什么？"

天啊，这是什么问题？招聘广告上只说这是一家手机通讯公司，谁知道主要业务是什么。我想了一下，说："如何更好地卖掉手机。"

那位女士笑了，"蓝衬衫"也在笑，这是我进门之后面试官们第一次露出笑容。"蓝衬衫"和"领导"小声交谈了一会儿，对我说："好了，面试就到这里，你把毕业证书和学位证书收好，简历留下，回去等通知吧。"

第二天，我收到了录用通知书。

其实找工作并不难，只要你认真准备，就一定会超过其他应聘者，达到自己的目的。

9. 开展（动）kāizhǎn to start; to launch / 植树造林运动已在全国~起来。
10. 果然（副）guǒrán really; as expected / 他说会下雪，~下雪了。
11. 尖锐（形）jiānruì keen / 他看问题很~。
12. 成立（动）chénglì to establish / 1949年10月1日，中华人民共和国~。
13. 业务（名）yèwù business; profession / 这家公司的~范围很广。| 他的~能力很强。
14. 通讯（名）tōngxùn communication / 那是一家~产品制造公司。
15. 录用通知书 lùyòng tōngzhīshū offer letter / 经过焦急的等待，我终于收到了那家公司的~。

练习 Exercises

一 判断对错

- ☐ 1. 刚开始面试的时候他的表情很严肃。
- ☐ 2. 他的简历是面试结束的时候才留给面试官的。
- ☐ 3. 他的面试是从自我介绍开始的。
- ☐ 4. 他的面试自始至终都是在轻松愉快的气氛中进行的。
- ☐ 5. 公司当场就录用了他。

第 3 课　面试求职

二　根据文章内容选择正确答案

1. 面试过程中一共有＿＿＿＿＿＿个人向他提出了问题。
   A. 一　　　　　　　　　　　B. 两
   C. 三　　　　　　　　　　　D. 四

2. 他应聘的职位是＿＿＿＿＿＿。
   A. 办公室职员　　　　　　　B. 手机销售员
   C. 办公室主任　　　　　　　D. 业务部经理

3. 面试时不用准备＿＿＿＿＿＿。
   A. 结婚证　　　　　　　　　B. 简历
   C. 毕业证书　　　　　　　　D. 学位证书

4. 关于这家公司，描述不正确的是＿＿＿＿＿＿。
   A. 是一家新成立的公司　　　B. 是一家手机通讯公司
   C. 公司需招聘一名秘书　　　D. 公司登广告进行招聘

5. 他认为＿＿＿＿＿＿的问题最难回答。
   A. 穿蓝衬衫的人　　　　　　B. 女士
   C. 像领导的人　　　　　　　D. 戴眼镜的人

6. 关于求职者，描述正确的是＿＿＿＿＿＿。
   A. 他面试时不紧张　　　　　B. 他对这家公司非常了解
   C. 他准备了所有的面试问题　D. 他应聘成功了

三　根据文章内容回答问题

1. 他接受了几个人的面试？
   ＿＿＿＿＿＿＿＿＿＿＿＿＿＿＿＿＿＿＿＿＿＿＿＿＿＿＿＿＿＿＿＿＿＿＿＿＿

2. 面试的最后一个问题是什么？
   ＿＿＿＿＿＿＿＿＿＿＿＿＿＿＿＿＿＿＿＿＿＿＿＿＿＿＿＿＿＿＿＿＿＿＿＿＿

3. 这家公司的主要业务是什么？
   ＿＿＿＿＿＿＿＿＿＿＿＿＿＿＿＿＿＿＿＿＿＿＿＿＿＿＿＿＿＿＿＿＿＿＿＿＿

4. 为了这次面试，他都做了哪些准备？
   ＿＿＿＿＿＿＿＿＿＿＿＿＿＿＿＿＿＿＿＿＿＿＿＿＿＿＿＿＿＿＿＿＿＿＿＿＿

5. 如果你是面试官，你会问什么问题？
_____

四 根据文章内容填表，并复述面试过程

文章开头	那一天，我去一家＿＿＿＿＿＿面试。				
面试过程	面试官	面试官的话	面试官的反应	我的表现	
	中间领导模样的男子	无	看了我一眼，＿＿＿＿＿	我问候了一句：您好！	
	穿蓝衬衫的年轻人	＿＿＿＿＿	无	我面带微笑，＿＿＿＿＿	
	＿＿＿＿＿	请谈谈你对办公室主任职位的认识以及你将如何开展工作。	无	＿＿＿＿＿	
	坐在最右边那位女士	＿＿＿＿＿	她笑了。	无	
	＿＿＿＿＿	＿＿＿＿＿，回去等通知吧。	小声交谈后，对我说。	无	
文章结尾	第二天，我收到了录用通知书。我的感悟是：＿＿＿＿＿				

五 填入合适的名词

问候（　　）　应聘（　　）　准备（　　）　面带（　　）　重复（　　）
开展（　　）　提（　　）　露出（　　）　收到（　　）　达到（　　）

第 3 课　面试求职

六　看拼音写汉字，并填空

| zhāopìn　múyàng　biǎogé　tíqián　wēiyán　jiānruì　lùyòng　zhíwèi |

1. 虽然丈夫在单位的（　　　）很高，但回到家里还是听妻子的。
2. 不用猜，一看他的（　　　）就知道他是学生。
3. 我不知道该怎么回答这么（　　　）的问题。
4. 请用黑色的钢笔填写这张（　　　）。
5. 这家公司今年（　　　）了五名名牌大学的毕业生。
6. （　　　）广告上写着应聘者必须具备三年以上的工作经验。
7. 孩子做错了事，不敢看父亲（　　　）的表情。
8. 收到家人病重的消息，他马上结束工作，（　　　）订票回国了。

阅读（二）

你觉得面试过程中要注意什么问题？如何才能提高面试的成功率？

一次尴尬的面试经历

我终于得到面试的机会了！

这半年为了找工作，我到处递简历。今天要面试的这家银行不错，这个机会我等了很久。

面试九点开始，可是路上堵车，我九点十分才到银行门口。跑到面试的房间，看到大家都在写着什么，我一边擦汗一边跟门口的考官说"对不起"。考官让我坐下，递给我一张试卷。我这时才知道，

1. 尴尬（形）gāngà awkward; embarrassing / 他叫错了她的名字，显得非常~。

面试之前,要先笔试。真不知道他们是怎么安排的!笔试的问题跟我的专业没有任何关系,我什么也没准备啊!看着考卷,我的脑子里一片空白。

下午,真正的面试开始了。因为人太多,面试官让我们每次进去三个人。我们组的第一个人讲了什么我根本没听见,心里只想着我应该说什么。我第二个讲,只听见自己的声音在发抖,说出的话是带着哭声的,眼泪都快流出来了,原来背好的内容全忘了,实在是太紧张了。

面试很快就结束了。走出房间,我长长地舒了一口气。

这就是我的面试,我想它会成为我人生中最重要的一次经历。这次面试虽然失败了,但它让我明白了一个道理:机会永远留给有准备的人。面试迟到、不了解面试内容、现场紧张,都是因为我事先没有做好准备,所以才白白失去了一次宝贵的机会。为了自己的将来,我还要不断地参加面试,但我下次一定会好好准备。请相信,我总有一天会成功的。

2. 笔试(动)bǐshì written test / 很多公司在选拔新职员时,会分别进行~和面试。

3. 安排(动)ānpái to arrange / 一个人在国外,得学会~自己的生活和学习。

4. 舒(动)shū to relax; to release / 知道自己考试通过后,他~了口气。

5. 人生(名)rénshēng life / 结婚是~的一件大事。

6. 失败(动)shībài to fail / ~是成功之母。

7. 不断(副)búduàn continuously / 经过~努力,他终于获得了成功。

8. 成功(动)chénggōng to succeed / 经过无数次的失败,试验终于~了。

第3课 面试求职

练习 Exercises

一 判断对错

☐ 1. 他用了大半年的时间才找到现在的工作。
☐ 2. 面试迟到是因为路上堵车了。
☐ 3. 他参加的考试顺序是先笔试后面试。
☐ 4. 他的笔试考得很糟糕。
☐ 5. 面试没有通过只是因为太紧张了。
☐ 6. 这次面试的经历让他明白了成功很重要。

二 根据文章内容选择正确答案

1. 关于这次笔试，描述不正确的是_____。
   A. 笔试时间不够　　　　　　　　B. 他没有准备笔试
   C. 笔试的内容他没有学过　　　　D. 笔试时什么也想不起来

2. 关于这次面试，描述正确的是_____。
   A. 面试从上午开始　　　　　　　B. 他第一个回答了面试官的问题
   C. 参加面试的人不少　　　　　　D. 由于紧张他听不清面试官的问题

3. 关于他，描述正确的是_____。
   A. 他参加了一家公司的面试　　　B. 他的专业与面试没有关系
   C. 参加面试的一共有三个人　　　D. 面试失败是他意料之中的事

4. 他认为这次面试失败的主要原因是_____。
   A. 参加面试的人太多了　　　　　B. 准备得不充分
   C. 面试过程太紧张了　　　　　　D. 不了解面试的这家单位

5. 通过这次面试他最大的收获是_____。
   A. 面试不再迟到　　　　　　　　B. 学会了如何准备完美的简历
   C. 喜欢上了面试　　　　　　　　D. 意识到机会永远留给有准备的人

三 根据文章内容回答问题

1. 这半年为了找工作，他做了什么？
   _____

2. 他等了很久，得到了什么面试机会？
   _____

3. 为什么面试迟到了？
   _____

4. 为什么笔试时他的脑子里一片空白？
   _____

5. 怎么看出面试时他很紧张的？
   _____

6. 为什么说这次面试是他人生中最重要的经历？
   _____

四 组词（至少写3个）

例：
递：递简历　递纸条　递毛巾
擦：_____　　安排：_____
流：_____　　准备：_____

五 用所给词语或句式完成对话

1. A：今天的作业多吗？我们出去玩儿吧。　　　　　　　　　　（终于）
   B：_____。

2. A：你为什么这么晚睡觉？　　　　　　　　　　　　　　　　（才）
   B：_____

3. A：你知道什么习惯对学习不好吗？　　　　　　　　（一边……一边……）
   B：_____

4. A：大学毕业以后你打算做什么？　　　　　　　　　（先……然后……）
   B：_____

5. A：怎样才能面试成功？　　　　　　　　　　　　　　（只要……就……）
   B：_____

第 3 课　面试求职

写　作

一　热身活动

向同学介绍一下你自己，特别是你的外表：你的头发长吗？你的个子高吗？你穿着一身什么颜色的衣服？你觉得自己有什么特点？

二　写作任务

[任务 1] 人物外表描写

学一学

汉语中描写人物的方式很多，有些句式和词语专门用来描写人物外表。

常用句式和词语	例句
V. + 着 + 一 + 量词……	留着一头长发 戴着一副眼镜 穿着一身西服／一身蓝色的衣服／一双皮鞋 系着一条领带 长着一头黑黑的长发／一双清澈的眼睛／一对大耳朵
……V. + 着……	说话带着哭腔 语气透着威严 头上滴着汗水 脸上挂着微笑 表情透着严肃
……得……	冻得发抖 兴奋得两眼放光 眼睛瞪得大大的

（续表）

常用句式和词语	例句
……渐渐……	头发渐渐白了 腰渐渐弯了 脸上渐渐有了皱纹
不……不……	（身材）不胖不瘦／（个子）不高不矮／（皮肤）不黑不白／（表情）不冷不热／（态度）不卑不亢

练一练

1. 用给定的句式描写下面的图片

（1）V.＋着＋一＋量词……

例如：她长着一头黑黑的长发。

_____

_____

_____

_____

（2）……V.＋着……

例如：她脸上带着微笑。

_____

_____

_____

_____

（3）……得……

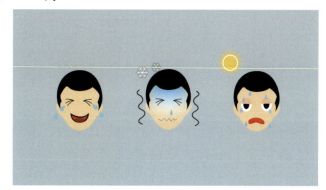

例如：他气得发抖。

2. 用以上句式和以下短语完成短文《面试》

> 面带微笑　露出笑容　透着威严/严肃　皮肤微黑　身材高大
> 身材娇小　个子不高　不胖不瘦　兴奋得两眼放光

面　　试

　　我最近在找工作。那一天，我接到了一家公司的电话，让我去面试。

　　面试那天，我早早就到了。时间一到，我就被叫进了一个房间，里边坐着一男一女两位面试官。

　　第一位面试官

　　第二位面试官

　　他们先

　　然后

　　最后

　　就这样

[任务 2] 叙事过程的描写（二）

学一学

常用句式和词语	例句
终于	毕业已经两年了，今天我们终于又见面了。
才	毕业一年之后我才找到工作。
一边……一边……	他一边吃饭一边看手机。
先……然后……	我们先喝了一杯酒，然后吃了一只烤鸭。
只要……就……	只要不放弃，就有机会获得成功。
果然	大家都说她非常美丽，今天见到她，果然如此。
突然	我们正在吃饭，突然，他拿出了一枚戒指，他要干什么？
可是/但是	我很喜欢她，可是她好像并不喜欢我。
让人没想到的是	他又瘦又矮。让人没想到的是，她接受了他的戒指。
却	他请我们喝酒，自己却一口也不喝，这是为什么？

练一练

描写图片

第 3 课　面试求职

三　实战练习

1. 完成初稿

根据你的面试、旅行、约会等经历,写一篇不少于 400 字的作文,注意人物外表的描写。

参考题目:第一次面试　第一次旅行　第一次约会

参考句式和词语:

> 留着……　戴着……　穿着……　皮肤　身材　个子　又……又……
> 不……不……　透着……　表情　态度　微笑　出汗　发抖
> 让人没想到的是　却　……得……　可是 / 但是

2. 跟同学交换初稿,并完成练习

(1) 从同学的作文中找出描写外表的词语;
(2) 找出同学作文中的错误并修改;
(3) 找出同学作文中的好句子,试着用到你的作文中。

四　定稿

请把修改后的作文写在作文纸上。

第 4 课 大爱无疆

配套资源

阅读（一）

你喜欢动物吗？你养过哪种动物？你觉得人与动物该如何相处？如何理解现在养宠物的人越来越多？

猎人与熊

老王曾经是一个猎人，在他的记忆中，有一件事情让他永生难忘。

那一天，他打了一只鹿，心里很高兴。在森林里走了快一天了，他觉得很累，便坐下来喝一口水，吃一点儿东西。突然，一股难闻的气味飘进了他的鼻子，一只大熊趁他不注意，想从背后偷走他刚打的鹿。他回头一看，熊离他很近，可以看到它身上厚厚的毛，也能看清它的小眼睛。他紧张得一动不动，能够清楚地听到自己的心跳声，心里想："怎么办？怎么办？"熊也看见了他，但显然没有伤害他的意思。它盯了他一会儿，好像在谢谢他，然后很自然地取走了那只还没死的鹿。

看着熊的背影，他觉得机会来了。作为一个猎人，他从不放过任何一个猎物，于是他对着那只熊

1. 猎人（名）lièrén hunter
2. 记忆（名）jìyì memory
3. 永生难忘 yǒngshēng nánwàng can never forget / 那个故事让人~。
4. 鹿（名）lù deer / 一只~
5. 飘（动）piāo to flutter; to fly / 下雪了，窗外~着雪花。
6. 伤害（动）shānghài to hurt; to harm / 不要欺骗朋友，这会~彼此的感情。| 千万不要~小动物！
7. 盯（动）dīng to stare / 当她站起来发言时，大家都~着她看。
8. 背影（名）bèiyǐng a figure viewed from behind / 我看着他的~，目送着他走远。
9. 猎物（名）lièwù prey

第 4 课　大爱无疆

举起了枪……枪声响过之后，熊倒下了。他松了一口气，也躺在了地上。等他再站起来时，发现熊不见了，地上留下了一条血印。他顺着血印往前追，发现了一个山洞。他在山洞里找到了那只熊，它已经死了，旁边有一只刚出生不久的小熊，正在使劲地吃着妈妈的奶。老王惊呆了：这只熊为了自己的孩子，流着血爬了那么远的路，最后终于死在了孩子身边！老王追悔莫及，但已经晚了。从此他不再打猎，搬到了很远的地方。

母爱真是太伟大了！动物也不例外。

10. 举（动）jǔ to raise; to lift / 课堂上，如果有不会的问题，可以~手提问。
11. 血印（名）xuèyìn bloodstain / 看到孩子衣服上的~，父母吓坏了。
12. 顺着（介）shùnzhe along / ~这条马路走，你就能找到那家有名的饭馆儿。
13. 惊呆（动）jīngdāi to be stupefied / 看到自己的成绩，这个学生简直~了！
14. 追悔莫及 zhuīhuǐ-mòjí to regret / 看到儿子难过的样子，母亲~。
15. 从此（副）cóngcǐ therefrom; thence / 这条铁路全线通车了，~交通就更方便了。
16. 打猎 dǎ liè to hunt / 非法~在很多国家是被禁止的。
17. 母爱（名）mǔ'ài motherhood / 这个孩子从小失去了~，是奶奶把她养大的。
18. 伟大（形）wěidà great / ~的祖国 | ~的事业 | ~的成就
19. 例外（动、名）lìwài to make exception; exception / 上课不能迟到，老师也不~。| 大家都得遵守规定，没有~。

练习　Exercises

一　判断对错

☐ 1. 老王最后一次打猎时打了两只动物。
☐ 2. 老王打死的那只母熊刚生了一只小熊。
☐ 3. 动物之间是没有感情的。
☐ 4. 老王是个枪法很准的猎人。
☐ 5. 老王放弃打猎是因为他老了。

二 根据文章内容选择正确答案

1. 老王看到熊时的心情是_____。
   A. 高兴   B. 惊呆
   C. 紧张   D. 后悔

2. 下列对熊的描述正确的是_____。
   A. 是一只公熊   B. 身上的毛很厚
   C. 生了两只小熊   D. 有一双大眼睛

3. 下列对猎人的描述不正确的是_____。
   A. 从不放弃一个猎物   B. 生平打死的最后一个猎物是一只熊
   C. 最后一次打猎的经历令它后悔 D. 因为搬家，他不得不放弃打猎

4. 那只熊即使受伤也要回到自己的山洞里是因为_____。
   A. 刚出生的小熊需要它   B. 山洞里安全
   C. 山洞里有猎物   D. 猎人找不到它

5. 这篇文章想告诉我们_____。
   A. 人类要爱护动物   B. 猎人对猎物是有爱心的
   C. 母熊很善良   D. 动物的母爱也是伟大的

三 根据文章内容回答问题

1. 让老王永生难忘的经历是什么？
   _____

2. 请描述大熊的样子。
   _____

3. 老王为什么要杀死那只大熊？
   _____

4. 熊倒下后，为什么老王也倒下了？
   _____

5. 老王是怎么发现那只小熊的？
   _____

6. 老王为什么追悔莫及？
   _____

第 4 课　大爱无疆

四　根据提示词填空，并复述故事

故事开头	老王曾经是一个（　　　　），在他的（　　　　）中，有一件事情让他（　　　　）。
故事发展	1. 一天老王打了一只（　　　　），在（　　　　）里走了快一天，觉得很（　　　　），便坐下来（　　　　　　　）。 2. 突然，（　　　　　　　　）飘进了他的鼻子，一只大熊趁（　　　　　　），想（　　　　）他刚打的鹿。他紧张得（　　　　），能听清自己的（　　　　）声。 3. 熊看到他，显然没有（　　　　）他的意思，取走了那只没死的鹿。看着熊的（　　　　），他举起了（　　　　　　）。 4. 枪声过后，熊倒下了，他（　　　　）了一口气，也倒下了。 5. 他站起来，顺着（　　　　）追，发现了一个（　　　　），找到了那只已死的大熊与正在使劲（　　　　）的小熊。 6. 老王惊呆了：这只熊为了（　　　　），流着血爬了那么远的路，终于（　　　　　　　　）。 7. 老王（　　　　　），但已经晚了。
故事结尾	从此老王不再（　　　　），（　　　　）到了很远的地方
感悟	（　　　　）真是太伟大了！动物也不（　　　　）。

五　选择合适的动词填空

> 飘　趁　盯　举　响　松　留　追　爬　搬

1. 一个漂亮的姑娘从身边走过，他（　　　　）着看了半天，觉得好像在哪儿见过。
2. 突然一声枪（　　　　），打破了原本寂静的夜空。
3. 飞舞的雪花不断地从空中（　　　　）落下来，霎那间天地一片雪白。
4. 我把这本书送给老师（　　　　）作纪念。
5. 自从十年前玛丽一家（　　　　）走以后，我们就失去了联系。
6. 年轻人应该（　　　　）年轻好好积累经验，而不能只考虑挣钱。
7. 每个孩子在成长过程中都必须进行（　　　　）的训练，否则会影响智力发育。
8. 在课堂上，不管谁有问题都可以（　　　　）手向老师提问。

9. 听到"抓小偷儿"的声音后,大家都跟着警察一起(　　　)小偷儿。
10. 考完试了,学生们终于可以(　　　)口气了。

阅读(二)

你喜欢帮助别人吗?请讲一个你遇到过的"好心没好报"的故事。

温暖的陌生人

今天是周末,王平开车出了城,他喜欢大自然。随着四季的变化,每一道风景都像一幅移动的画面,让他的心情非常愉快。因此,他每个周末都会到郊区转转。

他一路欣赏着路边的风景,五颜六色的鲜花在向他微笑,勤劳的蜜蜂在花丛中采蜜。在一片绿色的玉米地旁,一位农民正赶着牛。

车靠近玉米地的时候,这头牛开始过马路。王平下意识地按响了喇叭,并把方向盘往旁边一扳,希望躲开慢吞吞的老牛。

万万没想到,老牛听到喇叭声,受到了惊吓,突然跑了起来,而且跑得很快。农民在后面追,也跑得飞快。追着追着,农民渐渐慢了下来,先是捂住了胸口,接着就倒下了。

王平赶到农民身边,发现他已经昏过去了。王平赶紧把他抱到车上,送到了医院。

医生说农民有心脏病,如果不是王平及时送来,

---

1. 下意识(副) xiàyìshí subconsciously / 枪声一响,他~地缩回了头。
2. 按(动) àn to press / ~门铃 | ~手印
3. 喇叭(名) lǎba horn / 汽车~ | ~花
4. 方向盘(名) fāngxiàngpán steering wheel / 汽车~ | 握好~
5. 扳(动) bān to pull or draw / ~着指头算日子 | ~电闸
6. 慢吞吞(形) màntūntūn slow / 这样~地走,什么时候才能走到呢? | 他一个字一个字~地念着。
7. 万万(副) wànwàn absolutely(用于否定句)/ 我~没有想到他居然是中国人。 | ~不可粗心大意。
8. 捂(动) wǔ to cover; to seal up / 听了大卫讲的笑话,她~着嘴笑了起来。
9. 胸口(名) xiōngkǒu chest / 他一生气就~疼。
10. 昏(动) hūn to faint / 他~过去了。
11. 心脏病(名) xīnzàngbìng heart disease / 他得了严重的~。
12. 及时(形) jíshí in time / 有问题要~解决。 | 听说朋友没有吃饭,他~送来了吃的东西。

就没命了。王平帮他付了手术费,并在医院等着他醒来。

等农民的家人赶来,手术已经做完了。所有的人都以为是王平开车撞了老人,对王平都很不客气,也没有人提钱的事情。

农民醒来后,慢慢想起了白天的事。他问:"是谁把我送到医院的?"家人说:"就是那个撞了你的人。"农民说:"他没有撞我,他是我的救命恩人啊!"

大家开始找王平,可他已经悄悄走了……

13. 没命(动)méimìng to die / 如果不是他及时把我送到医院,我早就~了。
14. 手术费(名)shǒushùfèi operation fee / ~太高了,他负担不起。
15. 客气(形)kèqi polite / 他说话非常~。
16. 提(动)tí to mention / ~起这件事来他就觉得好笑。| 他跟父亲~了要考大学的事。
17. 救命 jiùmìng to save life / 这个陌生人救了他的命。
18. 恩人(名)ēnrén befriender / 他把这个医生看成是自己的救命~。

练习 Exercises

一 判断对错

☐ 1. 每逢周末王平都喜欢在城里转转。
☐ 2. 王平骑车在郊外转时遇到了过马路的牛群。
☐ 3. 那位赶牛的农民有心脏病。
☐ 4. 农民的家人误会了王平。
☐ 5. 是王平救了农民的命。

二 根据文章内容选择正确答案

1. 王平在郊区转时没看到_____。
   A. 鲜花　　　　　　　　　　B. 蜜蜂
   C. 玉米　　　　　　　　　　D. 放牛娃

2. 下列对牛的描述不正确的是_____。
   A. 赶牛的是一位农民　　　　B. 牛走得很慢
   C. 牛跑到了玉米地里　　　　D. 牛突然跑起来是因为受到了惊吓

3. 下列对农民的描述正确的是_____。
   A. 农民是被王平的车撞伤的　B. 农民在医院做了心脏手术
   C. 农民追到了牛　　　　　　D. 农民的家人对农民很不客气

4. 下列对王平的描述不正确的是_____。
   A. 王平帮农民追牛　　　　　　　B. 王平喜欢看风景
   C. 王平陪农民做完手术　　　　　D. 王平没有向农民的家人解释经过

5. _____可以形容王平的行为。
   A. 拾金不昧　　　　　　　　　　B. 乐于助人
   C. 团结友爱　　　　　　　　　　D. 见死不救

三　根据文章内容，用括号里的词语回答问题

1. 王平为什么喜欢每个周末都到郊区转转？　　　（大自然　风景　心情）
   _____
   _____

2. 现在可能是什么季节？你是怎么知道的？　　　（鲜花　蜜蜂　玉米地）
   _____
   _____

3. 看到过马路的牛，王平做了什么？　　　　　　（按　扳　躲）
   _____
   _____

4. 农民是怎么犯心脏病的？　　　　　　　　　　（追　捂　倒）
   _____
   _____

5. 王平是怎么救农民的？　　　　　　　　　　　（抱　送　付　等）
   _____
   _____

6. 农民的家人对王平做了什么？　　　　　　　　（不客气　提）
   _____
   _____

四　填入合适的量词

一（　）风景　　一（　）车　　一（　）画面　　一（　）玉米地
一（　）农民　　一（　）牛　　一（　）蜜蜂　　一（　）手术费
一（　）医院　　一（　）鲜花

第 4 课　大爱无疆

写　作

一　热身活动

请回忆一下前面几课的记叙文是如何结尾的？说一说结尾可能有哪些方式。

二　写作任务

[任务 1] 记叙文的结尾

学一学

记叙文的结尾方法很多，下面介绍的几种方法比较常用。但在写作中不一定只用一种方法，可以把几种方法结合起来，灵活使用。

1. 自然结束：根据故事结果自然结束全文。

   如：他就这样走了，永远地离开了我们。

2. 总结全文：概括全文内容。

   如：爱情这个题目真的很难，有的人可能经历很多痛苦，却永远找不到答案，包括吴宓。但答案一定在一个地方静静地等着你。

3. 首尾呼应：结尾呼应开头，但用不同的词语。

   如：开头：下雨了。结尾：雨下得更大了。

4. 点出题目：结尾呼应题目。

   如：这块水晶里，包着红屋顶，黄草山，像地毯上的小团花的小灰色树影。这就是冬天的济南。（老舍《济南的冬天》）

5. 画龙点睛：用简单的一句话点出主题。

   如：母爱真是太伟大了！动物也不例外。

6. 抒情议论：用抒情议论的方式结尾，表达作者的情绪，引起读者的思考。

   如：这就是我的面试，我想它会成为我人生中最重要的一次经历。

练一练

1. 连线

题目	开头
《心愿》	天气很热，路上一个人也没有。我手里拿着一沓简历，心里正为工作的事烦恼着。
《妈妈的爱》	我的妈妈是一个老师，个子不高，皮肤白白的，眼角有一点儿皱纹，但仍然很漂亮。
《一件后悔的事》	有一件事，一直是我的秘密。这件事，我永远也忘不了……
《痛苦和快乐》	每天都是上课、写作业，我的汉语水平却没有提高，我觉得很痛苦。

结尾
我爱我的妈妈。永远！永远！
那天晚上我做了一个梦，梦见我找到了理想的工作，实现了我的愿望。
"梅花香自苦寒来"，我相信，只要努力，我一定会得到快乐。
这就是我做的事，今天终于说出来了。我很后悔，以后再也不做这样的事了。

2. 给下面的文章写一个结尾

世间最珍贵的是什么

从前，有一座寺庙。在寺庙的大门上，有个蜘蛛结了一张网。经过一千多年的修炼，蜘蛛有了佛性。

忽然有一天，佛祖来到寺里，看见了大门上的蜘蛛。佛祖问蜘蛛："看你修炼了一千多年，我来问你个问题，世间什么才是最珍贵的？"蜘蛛想了想，回答道："世间最珍贵的是'得不到'和'已

---

1. 世间（名）shìjiān the world
2. 珍贵（形）zhēnguì precious
3. 寺庙（名）sìmiào temple
4. 蜘蛛（名）zhīzhū spider
5. 网（名）wǎng net
6. 修炼（动）xiūliàn to practise auterity
7. 佛性（名）fóxìng the Buddha-nature
8. 佛祖（名）fózǔ the Buddha

失去'。"佛祖点了点头，离开了。

就这样又过了一千年，佛祖又来到寺里，问了同样的问题，蜘蛛的回答也和原来一样。佛祖说："你再好好想想，我会再来找你的。"

又过了一千年。有一天，刮起了大风，风把一滴甘露吹到了蜘蛛网上。蜘蛛望着甘露，觉得它很漂亮，便爱上了它。蜘蛛每天看着甘露，觉得这是三千年来最开心的日子。

突然，又刮起了一阵大风，把甘露吹走了。蜘蛛一下子觉得失去了什么，感到很难过。这时佛祖又来了，问蜘蛛："世间什么才是最珍贵的？"蜘蛛想到了甘露，对佛祖说："世间最珍贵的是'得不到'和'已失去'。"佛祖说："好，既然你这么想，我让你到人间去一趟吧。"

就这样，蜘蛛到了人间，取名蛛儿。蛛儿到了十六岁，长成了一个漂亮的少女。

有一天，蛛儿遇到了甘鹿，问他："你还记得十六年前那个蜘蛛网上的事情吗？"甘鹿觉得很奇怪，说："蛛儿姑娘，你很漂亮，也很讨人喜欢，但你的想象力太丰富了吧？"

蛛儿回到家，心想，"佛祖既然安排了这场姻缘，为什么不让他记得那件事，甘鹿为什么对我一点儿感觉都没有？"

几天后，皇帝命状元甘鹿和长风公主结婚，蛛儿和太子芝草完婚。

蛛儿听到这个消息，非常痛苦，几天不吃不喝，眼看就要死了。太子芝草知道后，急忙赶来，对蛛儿说："如果你死了，我也不活了！"

就在这时，佛祖来了，他对蛛儿说："蜘蛛，你

9. 失去（动）shīqù to lose

10. 刮（动）guā to blow
11. 甘露（名）gānlù sweet dew

12. 人间（名）rénjiān the world

13. 甘鹿（专）Gān Lù a name

14. 姻缘（名）yīnyuán conjugal tie

15. 命（动）mìng to order
16. 状元（名）zhuàngyuan Number One Scholar
17. 长风（专）Chángfēng a name, means wind
18. 公主（名）gōngzhǔ princess
19. 太子（名）tàizǐ prince
20. 芝草（专）Zhīcǎo a name, means grass
21. 完婚 wán hūn to marry
22. 眼看（副）yǎnkàn soon; almost

想过没有？甘露（甘鹿）是由谁带到你这里来的呢？是风（长风公主）带来的，最后也是风把它带走的，甘鹿是属于长风公主的。而太子芝草是当年寺庙门前的一棵小草，他看了你三千年，爱了你三千年，但你却从没有低下头看过它。蜘蛛，我再来问你，世间什么才是最珍贵的？"蜘蛛听了这些之后，好像一下子明白了，她对佛祖说："世间最珍贵的不是'得不到'和'已失去'，而是现在能把握的幸福。"她刚说完，佛祖就离开了。

23. 属于（动）shǔyú to belong to
24. 当年（名）dāngnián then; in those years
25. 把握（动）bǎwò to hold

结尾

_____
_____
_____
_____
_____
_____
_____

[任务2] 叙事过程的描写（三）

学一学

常用句式和词语	例句
就这样	她每天坐他的车，他每天送她回家，两个人就这样慢慢熟悉起来了。
这就是	我投出去100份简历，收到了3个面试通知，但面试都没通过。这就是我的面试经历。

第 4 课　大爱无疆

(续表)

常用句式和词语	例句
这样一来	我求佛把我变成一棵树，长在他必经的路旁。这样一来，我就能每天都看到他了，而且他也会注意到我！
从这一天起／从这一件事以后／从此以后	猎人杀死了那只熊，觉得非常后悔。从这一天起，他再也没动过他的猎枪。
反正	她一会儿说头疼，一会儿又说有事，反正就是不想去。
于是	他打了几次电话，那家公司都没人接，他又发了几封邮件，也没人回。于是，他放弃了那家公司。
总算	他从小就淘气，不是打架，就是爬树，总是让父母担心。现在他长大了，开始努力学习，父母总算放心了。

练一练

1. 用"学一学"中的句式填空

（1）妈妈看他们俩都那么忙，在城里住了一个星期，帮他们打扫了厨房、卫生间，洗好了床单、被罩，然后买票回去了。回去不久，妈妈就去世了。_____，妈妈永远离开了这个世界，这让王平追悔莫及。

（2）小王尝试了几个工作，发现自己不适合在公司工作，他很苦恼，就辞去了工作，到处旅行。他的父母很担心，朋友们也很不理解。经过一年多的思考，他决定自己创业，开了一家网店。小王_____安定下来了。

（3）她化了妆，穿上了一件黄色的上衣和一条绿色的裙子，把自己打扮得像一个春姑娘。_____，谁也看不出她是一个病人来了。

（4）小狐狸一点点长大了，妈妈开始让它自己找吃的。有一天，妈妈不再照顾它，也不让它回家。_____，小狐狸就完全独立了。

（5）自从他买了车，就每天开车上班。可是路上太堵了，有一天，他上班迟到，被老板批评了一顿；还有一次他耽误了一个重要的会议；最糟糕的是，跟女朋友的第一次约会，他晚了整整一个小时！_____，他决定再也不开车了。

2. 分成小组讨论并完成文章，至少使用两个句式

> 就这样　这就是　这样一来　从这一天起　从此以后　反正　于是　总算

（1）　　我是一只小狗。其实我很喜欢跟人交朋友，我也愿意保护他们。可是，有时当一只小狗太难了。

　　这一天，我被主人抱了起来，她给我试了很多衣服，然后说："嗯，你就穿这件吧！"我不是人，我不穿衣服也可以的，但为了出去玩儿，也为了让主人高兴，我就穿了。

　　没想到的是，有一天主人用一条绳子穿过我的衣服，_____

_____

_____

（2）　　那是一个夏天。我去舅舅家过暑假，认识了一个叫小丽的姑娘。

　　我第一次遇到小丽，是在我舅舅家的客厅里。小丽的妈妈带着她来看生病的舅妈。她站在那里，害羞地低着头，一句话也没有说。她长着一头黑黑的长发，皮肤很白，身材瘦瘦小小的，我觉得她很需要人保护。

　　过了两天，外边下着雨，我看到小丽走在街上，没有带伞。我抓起一把雨伞就跑了出去……

_____

_____

_____

（3）　　我是一只兔子，他是一只狐狸。你问我们怎么成为朋友的，让我慢慢告诉你。

_____

_____

_____

_____

3. 根据图片，使用以下词语和句式写一个故事

> 先　然后　最后　就这样　这就是　从这一天起/从此以后
> 这样一来　反正　于是　总算　登山　徒步旅行　最高峰　壮丽

三　实战练习

1. 完成初稿

用以下词语和句式完成作文《一件难忘的事》，不少于400字，注意故事结尾的描写。

> 先　然后　最后　就这样　这就是　这样一来
> 从这一天起/从此以后　反正　于是　总算

2. 跟同学交换初稿，并完成练习

（1）从同学的作文中找出以上词语；

（2）找出同学作文中的错误并修改；

（3）找出同学作文中的好句子，试着用到你的作文中。

四 定稿

请把修改后的作文写在作文纸上。

第 5 课　爱与尊重

配套资源

阅读（一）

你有在钱夹里放照片的习惯吗？请讲一讲与这张照片有关的故事。你会用什么方式表达对别人的爱？

你的钱夹里有谁

有个朋友和我说过这样一件事。

有一天，她的先生路过菜市场，想顺便买一条鲤鱼。哪知道在讨价还价的时候，卖鱼人不满地说："你爱人总是在我这儿买鱼，她可不像你这么爱讲价，她从来不问价钱。她是我的老客户，我都是给她最新鲜的活鱼，最便宜的价格！"

她的先生很好奇："你怎么知道我爱人是谁？"卖鱼人说："她每次付钱，一打开钱夹，我就会看到你的照片，看过多少次了，我都认识你了！"

1. 钱夹（名）qiánjiā wallet / 他的~里放着一些钱和一张"全家福"。

2. 讨价还价 tǎojià-huánjià to bargain / 经过~，他终于以非常便宜的价格买到了喜欢的东西。

3. 讲价 jiǎng jià to bargain / 他买东西时从不~。| 买之前一定要先讲讲价。

4. 老客户 lǎo kèhù old customer / 他天天来这家饭馆儿吃饭，是这里的~。

55

原来如此。"后来呢？"我又追问。这个故事里的浓浓爱意，实在让人迷恋，让人心醉。

后来，她的先生拎着鱼回到家，很少下厨的他，专门为她煲了一锅汤。朋友说，她一辈子也忘不了那锅鱼汤的鲜美。喝过汤后，先生要求看她钱夹里的照片，果然是他的。"再后来呢？"我还是要追问，因为这个故事实实在在地温暖了我的心。再后来，他要了她的一张照片，也放进了他的钱夹。

人生原来可以如此诗意，如此美好。年轻时，钱夹里是恋人，再后来是爱人，再后来就是孩子的照片了。在这个世界上，钱夹里的那个人就是我们最贴心、最牵挂的人。

（选自《读者》2009年第6期，戎华，有改动）

| 5. 如此（代）rúcǐ in this way / 事已~，后悔也没用。
| 6. 追问（动）zhuīwèn to make a detailed inquiry / 既然他不知道，你就别再~了。
| 7. 实在（副）shízài really / 今天的天气~太好了。
| 8. 拎（动）līn to carry / 他~了一个水桶去河边打水了。
| 9. 下厨 xià chú to cook / 妻子对丈夫不满是因为他从不~做饭。
| 10. 煲（动）bāo to boil; to cook / ~汤 | ~粥 | 妈妈给住院的儿子~了一锅鸡汤送去了。
| 11. 一辈子（名）yíbèizi the whole life / 他当了~教师。| 这个老人~没有离开过他的家乡。
| 12. 鲜美（形）xiānměi tasty / 我从来没喝过这么~的肉汤。
| 13. 温暖（动、形）wēnnuǎn (to) warm / 离开家时妈妈说的话一直~着我。| 春天来了，天气越来越~了。
| 14. 诗意（名）shīyì poetry / 他写出来的文章总是充满了~。
| 15. 贴心（形）tiēxīn intimate / 女儿跟妈妈特别~。
| 16. 牵挂（动）qiānguà to concern / 父母~出国留学的孩子。

练习 Exercises

一 判断对错

☐ 1. 讲这个故事的是一个男的。
☐ 2. 她的先生也是卖鱼人的老客户。
☐ 3. 她的先生不常下厨房给她做饭。
☐ 4. 她总是在钱夹里放着钱和她先生的照片。
☐ 5. 钱夹里只能放爱人的照片。

第 5 课　爱与尊重

二　根据文章内容选择正确答案

1. 卖鱼人对她的先生不满是因为_____。
   A. 他喜欢讨价还价　　　　B. 他买的鱼太少了
   C. 他不想付钱　　　　　　D. 他只问不买

2. 卖鱼人认识她的先生是通过_____。
   A. 朋友的介绍　　　　　　B. 她先生讲的故事
   C. 她讲的故事　　　　　　D. 她钱夹里的照片

3. 她的先生给她煲鱼汤让她觉得_____。
   A. 很好奇　　　　　　　　B. 很难忘
   C. 很好笑　　　　　　　　D. 很吃惊

4. 她的先生把她的照片也放进钱夹里说明_____。
   A. 先生想让她高兴　　　　B. 先生怕别人不知道自己结婚了
   C. 先生开始更在意她　　　D. 先生很听她的话

5. 这个故事真正想告诉我们的是_____。
   A. 必须把家人的照片放在钱夹里　　B. 应该关心和体贴你身边的人
   C. 应该经常给家人煲鱼汤喝　　　　D. 爱一个人就要告诉他/她

三　根据文章内容回答问题

1. 这篇文章中出现了哪些人？
   _____

2. 文章讲了什么故事？故事发生在哪儿？
   _____

3. 作者写这篇文章的目的是什么？
   _____

4. 读后你的感受是什么？
   _____

四　把下面的词语、拼音和句子连接起来

词语	拼音	句子
顺便	tǎojià-huánjià	父母总是（　　）在国外留学的孩子。
牵挂	xiānměi	买东西的时候人们有（　　）的习惯。
鲜美	shùnbiàn	下班回家路上，我（　　）去市场买了几斤水果。
讨价还价	tiēxīn	我从来没吃过味道这么（　　）的东西。
追问	shīyì	我没有想到你会送我这么（　　）的礼物。
诗意	qiānguà	这件事情你就别再（　　）了，我是不会告诉你的。
贴心	wēnnuǎn	在这么富有（　　）的地方跟你一起旅行，我觉得很满足。
煲	zhuīwèn	你（　　）出来的鸡汤味道与众不同。
温暖	bāo	他的话（　　）了每个人的心。

阅读（二）

你做过义工吗？通过做义工你学会了什么？请简单介绍一下这份工作。

炫耀的爱心是一把利斧

我听说过这样一件事。

有一次，联合国志愿人员组织（UNV）一行6人去南非的一个贫民窟送东西。这6个人分别来自中国、英国、法国和新西兰，其中留着一脸胡子的英国人马丁已经在那里工作了3年了，是这几个义工中资格最老的一个。

---

1. 义工（名）yìgōng volunteer
2. 炫耀（动）xuànyào to show off
3. 利斧（名）lìfǔ sharp axe
4. 联合国（专）Liánhéguó the United Nations
5. 南非（专）Nán Fēi South Africa
6. 贫民窟（名）pínmínkū skid row
7. 分别（副）fēnbié separately / 他们三个人~介绍了自己的情况。
8. 新西兰（专）Xīnxīlán New Zealand
9. 留（动）liú to grow; to wear / 她~着一头长发。
10. 胡子（名）húzi beard / 他把~刮得干干净净，看起来很精神。
11. 资格（名）zīgé qualification / 你没有~批评我。

第 5 课　爱与尊重

他们先去批发市场买了衣服、被子、玉米粉和饼干，然后把这些东西装上了一辆工具车。

七月的南非正处于一年中最冷的季节，尽管去之前他们已经有了心理准备，但是到那儿一看，他们还是大吃了一惊。人们住在一个黑乎乎的旧市场里，房子是最简单的，没有卫生间，也没有厨房，地上到处是污水。

可能是听到外边有声音，一群可爱的孩子从房子里跑出来。孩子们穿着破旧的衣服，冻得发抖，眼睛瞪得大大的，好奇地看着他们。看到这些可怜的孩子，一个中国来的工作人员马上从车上拿了几件衣服朝孩子们走去。

哪知道马丁突然大喊："刘，你在做什么？"听他的语气，显然很生气。"把这些衣服送给他们，他们很需要。"刘说。"把东西放下！"马丁涨红了脸，把东西抢走了。

面对围上来的孩子，马丁的表情一下子变得很温和，他轻声问孩子们："你们愿意帮我们做一点儿事情吗？你们会得到酬劳的。"其中一个孩子走过来帮马丁搬了一小袋玉米粉，果然得到了一件棉衣和一袋饼干，他兴奋得两眼放光。别的孩子也过来帮忙，一会儿工夫，东西就搬完了，每个人都得到了礼物。

在回去的路上，马丁说："人生来是平等的，如果我们居高临下地施舍，就会伤害他们的自尊。"

听了这个故事，我懂得了什么是平等和尊重。

（选自《青年文摘》2008 年 5 月上，刘军，有改动）

12. 批发（动）pīfā to wholesale / 他先从~市场买来东西，然后再卖给别人。
13. 被子（名）bèizi quilt / 他感冒了，盖着厚厚的~，还是觉得很冷。
14. 玉米粉（名）yùmǐfěn corn flour
15. 心理（名）xīnlǐ psychology / 他是一个~医生。
16. 污水（名）wūshuǐ sewage
17. 瞪（动）dèng to stare / 你别~我，不是我做的。
18. 涨（动）zhàng to be swelled (by a rush of blood) / 他的脸~得通红。
19. 酬劳（名）chóuláo reward / 他经常帮助那些孩子，但是从不要~。
20. 棉衣（名）miányī cotton coat
21. 生来（副）shēnglái by birth / 他~就不会说话。
22. 平等（形）píngděng equal / 男孩儿女孩儿都一样，父母要~对待。
23. 居高临下 jūgāo-línxià to take the high position and look down / 他总是摆出一副~的样子，让人很反感。
24. 施舍（动）shīshě to give alms / 我不需要你的~。
25. 自尊（名）zìzūn self-esteem / 大家可以开玩笑，但不要伤害别人的~。
26. 懂得（动）dǒngde to know; to understand / 他不~感情。

59

练习 Exercises

一 判断对错

☐ 1. 6位义工中,资格最老的是个法国人。
☐ 2. 他们到达南非时,正是当地最热的夏天。
☐ 3. 那个英国人用巧妙的方法维护了他人的尊严。
☐ 4. 他们住的宾馆条件非常差。
☐ 5. 因为同情,那个中国义工想帮助那些孩子。

二 根据文章内容选择正确答案

1. 下列描述与文章相符合的是_____。
   A. 讲这个故事的人是作者
   B. 所有捐助的物品都是在商场买的
   C. 所有义工都没有在当地工作的经验
   D. 这次义工活动的参与者分别来自四个国家

2. 义工组织捐助的物品不包括_____。
   A. 衣服   B. 鞋子
   C. 被子   D. 饼干

3. 对当地贫民窟的描述不正确的是_____。
   A. 在旧市场里   B. 没有厕所
   C. 那里的人没有衣服穿 D. 没有厨房

4. 马丁对中国义工的行为很生气是因为_____。
   A. 没经过他的允许就发放物品   B. 施舍会伤害接受者的自尊
   C. 中国义工的态度不热情   D. 没有公平发放捐助物品

5. 这篇文章想告诉我们_____。
   A. 人是平等的,要尊重他人   B. 要帮助有困难的人
   C. 这个世界上有很多贫民   D. 人应该善良和友好

第 5 课　爱与尊重

三　熟读文章，并填空

文章开头	我听说过这样一件事。
故事过程	有一次，UNV一行6人去南非的一个（　　　）送东西。这6个人中（　　　）着一脸胡子的英国人马丁已经在那里工作了3年了，是这几个人中（　　　）最老的一个。 　　他们先去（　　　）市场买了一些东西装上了一辆工具车。 　　七月的南非正处于一年中最冷的季节，尽管去之前他们已经有了（　　　）准备，但是到那儿一看，他们还是大吃了一惊。人们住在一个（　　　）的旧市场里，房子是最简单的，没有卫生间，也没有厨房，地上到处是（　　　）。 　　可能是听到外边有声音，一群可爱的孩子从房子里跑出来。孩子们穿着破旧的衣服，冻得发（　　　），眼睛（　　　）得大大的，好奇地看着他们。看到这些可怜的孩子，一个中国来的工作人员马上从车上拿了几件衣服朝孩子们走去。 　　哪知道马丁突然大喊："刘，你在做什么？"听他的语气，显然很生气。"把这些衣服送给他们，他们很需要。"刘说。"把东西放下！"马丁（　　　）红了脸，把东西抢走了。 　　面对围上来的孩子，马丁的（　　　）一下子变得很温和，他轻声问孩子们："你们愿意帮我们做一点儿事情吗？你们会得到（　　　）的。"其中一个孩子走过来帮马丁搬了一小袋玉米粉，果然得到了一件棉衣和一袋饼干，他兴奋得两眼（　　　）。别的孩子也过来帮忙，一会儿（　　　），东西就搬完了，每个人都得到了礼物。 　　在回去的路上，马丁说："人生来是平等的，如果我们（　　　）地施舍，就会伤害他们的（　　　）。"
文章结尾	听了这个故事，我懂得了什么是（　　　）和（　　　）。

一 热身活动

你的母语里有可以连接词、句子、段落的词语吗？比如"又""不但……而且……""总之"等，它们跟汉语如何对应？

二 写作任务

[任务1] 关联词

学一学

定义：关联词是把词、句子、段落连接在一起的词语。

种类：一种是由一个词组成的，如"于是""因此"等；另一种是由两个或两个以上的词组成的，如"因为……所以……""即使……也……"等。

关联词	例句
果然	天气预报说今天下雨，果然下雨了。
因此	我的身体状况越来越差了，因此我不得不听从医生的建议戒烟戒酒。
于是	父母实在没钱供他上学了，于是他放弃了学业，选择了去外地打工。
总之	你人长得帅、性格又好、工作也很努力，总之，我觉得你是个完美的人。
为了	为了取得好成绩，他每天都花很长时间学习。
又……又……	中国菜又好吃又便宜。
先……然后……	每天放学回到家，我总是先写作业，然后再玩儿。
不但……而且……	他不但汉语说得好，而且日语和英语也说得很好。
不是……就是……	他不是日本人就是韩国人。

第 5 课　爱与尊重

(续表)

关联词	例句
虽然……但是……	她虽然不漂亮,但是很聪明。
即使……也……	即使没有报酬,她也要帮助那些孩子。
因为……所以……	因为他非常努力,所以取得了成功。
只要……就……	只要明天不下雨,运动会就照常举行。
如果……就……	如果我不能按时来,就一定会给你打电话。
一……就……	我一走进房间就看到了放在桌子上的生日礼物。

练一练

1. 找出"阅读(二)"中的关联词(至少3个)

　　_____　　　_____　　　_____

2. 用所给关联词改写句子

(1) 妈妈做的饭很好吃,也很好看。　　　　　　　　　　　　(又……又……)

(2) 晚上睡觉以前我总是看会儿书。　　　　　　　　　　　　(先……然后……)

(3) "sorry"这个单词,外国人知道,中国人也知道。　　　(不但……而且……)

(4) 玛丽昨天说今天下雨,今天真的下雨了。　　　　　　　　(果然)

(5) 明天有考试,今晚你应该早点儿睡。　　　　　　　　　　(因此)

(6) 你是我的好朋友,天气不好我也会参加你的生日晚会。　(即使……也……)

3. 用所给关联词完成对话

（1）A：你今天为什么又没有完成作业？　　　　　　　　　（因为……所以……）
　　 B：_____。

（2）A：明天我们还按原计划去爬山吗？　　　　　　　　　　（只要……就……）
　　 B：_____。

（3）A：你打算大学毕业以后做什么？　　　　　　　　　　　（如果……就……）
　　 B：_____。

（4）A：你打算什么时候回国？　　　　　　　　　　　　　　（一……就……）
　　 B：_____。

（5）A：你觉得这道菜的味道怎么样？　　　　　　　　　　　（虽然……但是……）
　　 B：_____。

[任务2] 记叙文的段落连接

学一学

在写人或写事的文章中，每一段开始的一个词或一句话有时能把前一段或后一段连接起来。如：

开头	从前，有一个人／一个地方 很久很久以前 有人说…… 听说…… "轻轻的我走了，正如我轻轻的来。" 美国，华盛顿。 那是2010年的春天。 我与父亲不相见已二年余了，我最不能忘记的是他的背影。

(续表)

中间	接续	有一天 第二天 几天后 就在这时 车开到他们跟前的时候 听到这个消息 农民醒来后 后来 再后来 那么 于是 接着
	转折	突然 忽然 但是 不过 然而 哪知道 他万万没有想到 他绝对没有想到
	结果	就这样 原来如此 最后
结尾	总结	总之 说来说去 一句话 听了这个故事 看完这个故事 由此看来

练一练

1. 找出第 48 页文章《世间最珍贵的是什么》中的段落连接词语或句子

开头		
中间	接续	
	转折	
	结果	
结尾	总结	

2. 根据上面的表格，将文章缩写成 100 字以内的短文

_____
_____
_____
_____
_____
_____

第5课　爱与尊重

3.选择适当的连接词语或句子填空

（1）

_____住在杭州。他喜欢上了邻居家的三姑娘。（A.周作人做了一个决定 B.周作人年轻时 C.周作人就这样）

_____，他从来都没向她表示过，也没说过什么话，只是保持着那种淡淡的关系。（A.突然 B.于是 C.然而）

_____，因为母亲生病，他离开了杭州。（A.后来 B.当然 C.果然）

_____，他听说三姑娘得病死了，周作人说："我那时也觉得很不快，想象她悲惨的死相，但同时却又似乎很安静，仿佛心里有一块大石头已经放下了。"（A.一个月来 B.一个月后 C.一个月前）

（2）

_____，放暑假回家，家人办了酒席为他接风。（A.胡也频今年12岁 B.12岁的胡也频 C.胡也频12岁时）

_____，他喜欢上了一个女孩子。（A.在一起吃饭的人当中 B.接着 C.接风中）

_____，就被大人拉走了。（A.她虽然送他一个自己叠的纸塔 B.她为了送他一个自己叠的纸塔 C.她刚送他一个自己叠的纸塔）

_____，他们再也没见过面。（A.因此 B.从此 C.从前）

_____，七年过去了，胡也频再回到家见到她时，她已经结婚两年了，还有了孩子。（A.就这样 B.突然 C.但是）

---

1. 杭州（专）Hángzhōu a city in Zhejiang Province
2. 邻居（名）línjū neighbor
3. 周作人（专）Zhōu Zuòrén a person's name

4. 不快（形）búkuài unhappy
5. 悲惨（形）bēicǎn miserable
6. 死相（名）sǐxiàng dead looks

7. 酒席（名）jiǔxí feast
8. 接风 jiē fēng to give a welcoming dinner
9. 胡也频（专）Hú Yěpín a person's name

10. 叠（动）dié to fold up
11. 纸塔（名）zhǐtǎ paper tower

_____，他们安静而礼貌地问好，天南海北地说着许许多多的话，把所有能想到的事情都说了一遍。（A. 自然 B. 但是 C. 于是）

　　_____，胡也频始终没告诉她：七年前的那个纸塔，还在他的箱子里放着呢。（A. 终于 B. 然而 C. 总之）

> 12. 天南海北 tiānnán-hǎiběi
> far apart; subjectless

三 实战练习

1. 完成初稿

请用以下词语或句式中的10个完成作文《我的一个朋友》（400字）

开头		我有一个朋友，他（她）叫……，我们是……认识的。
中间	接续	有一天 / 第二天 / 几天后 / 听到这个消息 / 后来 / 再后来 / 那么 / 于是 / 接着
	转折	突然 / 忽然 / 但是 / 不过 / 然而 / 哪知道
	结果	就这样 / 原来如此 / 最后
结尾	总结	总之 / 说来说去 / 一句话 / 由此看来

2. 跟同学交换初稿，并完成练习

（1）从同学的作文中找出以上词语；
（2）找出同学作文中的错误并修改；
（3）找出同学作文中的好句子，试着用到你的作文中。

四 定稿

请把修改后的作文写在作文纸上。

第 6 课　生而为人

配套资源

阅读（一）

你认为人生快乐多还是烦恼多？你常常用什么方式解决烦恼或减轻压力？

生　活

人一生下来就要生活。生活是快乐的，但也有很多烦恼，没有人可以例外。只要是人，都必须面对生活的酸甜苦辣，努力创造自己的幸福人生。

生活中会经历很多高兴的事情。红花、绿草和蓝天让我们的心情变得愉快，书籍让我们的视野变得开阔，诗歌和音乐给我们带来美的享受，恋爱、结婚给我们带来爱情的甜蜜，事业的成功让我们充满自信……这一切让我们感到生活是如此美好！

可是，生活也有她不那么理想的一面。男孩子会说："为什么我这么穷？我是不是太老实了？"女孩子会说："为什么我这么丑？我有资格恋爱吗？"有人失败了会说："我又白干了，干脆算了吧。"闲着的人为找工作着急，有工作的人又怕工作不保险……总之，我们常常被一些想法困扰着，觉得生活为什么这么难。

1. 烦恼（形）fánnǎo worried / 自寻~ | 不必为区区小事而~。
2. 面对（动）miànduì to face / 我们要有~困难的勇气。| ~挑战
3. 酸甜苦辣 suān-tián-kǔ-là joys and sorrows of life / 他尝遍了生活的~。
4. 创造（动）chuàngzào to create / ~性 | ~新记录
5. 愉快（形）yúkuài pleasant / ~地交谈 | 生活得很~
6. 视野（名）shìyě vision / ~宽广
7. 开阔（形、动）kāikuò wide; to widen / 他是个思路~的人。| ~视野
8. 恋爱（动、名）liàn'ài to be in love; love / 自由~ | 谈~
9. 甜蜜（形）tiánmì sweet / 孩子们笑得那么~。| 日子过得甜甜蜜蜜
10. 困扰（动）kùnrǎo to trouble; to disturb / 这几天她一直被一种莫名的情绪所~。

其实，生活本来就是这样：有苦也有甜。既然我们来到这个世界上，就要平静地面对各种困难，坦然地接受生活的考验。只有这样，我们才能拥有幸福的生活。

| 11. 坦然（形）tǎnrán frank; open-hearted / ~地接受命运的安排
| 12. 考验（动）kǎoyàn to test / 她想~一下他。
| 13. 拥有（动）yōngyǒu to possess / 中国~丰富的资源。

练习 Exercises

一 判断对错

☐ 1. 人的一生要经历酸甜苦辣。
☐ 2. 幸福的人生是无法创造的。
☐ 3. 作者觉得生活很难是因为人们的压力和担心太多。
☐ 4. 要学会感受生活中美好的事情。
☐ 5. 好的心态也不能让人变得幸福。

二 根据文章内容选择正确答案

1. 人生的不快乐可能来自_____。
   A. 愉快的心情　　　　　　　　B. 成功的事业
   C. 美味的菜肴　　　　　　　　D. 自身的忧虑

2. 下列各项中能让人们体会到生活的美好的是_____。
   A. 恋爱　　　　　　　　　　　B. 分别
   C. 失败　　　　　　　　　　　D. 贫穷

3. 下列描述与文章内容不符的是_____。
   A. 人生不可能只有快乐而没有烦恼　　B. 美丽的风景能改变人的心情
   C. 拥有幸福的人生是不可能的　　　　D. 对人生的态度应该是积极接受与面对

4. _____才能获得幸福的生活。
   A. 多听音乐　　　　　　　　　B. 以平静和坦然的心态面对人生
   C. 多谈恋爱　　　　　　　　　D. 多读书

第6课 生而为人

三 根据文章内容回答问题

1. 什么可以使心情变得愉快？
   _____

2. 人们为什么要读书？
   _____

3. 什么可以给人们带来美的享受？
   _____

4. 爱情的甜蜜可以从哪里获得？
   _____

5. 什么可以让人们充满自信？
   _____

6. 生活的不理想体现在哪些方面？
   _____

7. 如果想拥有幸福的生活，需要具备怎样的心态？
   _____

四 词语搭配

1. 填入合适的形容词
   （   ）人生   （   ）心情   （   ）视野
   （   ）爱情   （   ）事业   （   ）生活

2. 填入合适的名词
   面对（   ）   创造（   ）   经历（   ）   接受（   ）
   开阔（   ）   享受（   ）   充满（   ）   拥有（   ）

3. 写出反义词
   苦——（   ）   穷——（   ）   丑——（   ）
   闲——（   ）   难——（   ）

阅读（二）

你觉得人类是如何破坏环境的？举例说明保护环境如何从"小事"做起。

善待自然

大自然是<u>上天</u>给我们的一笔巨大的<u>财富</u>。我们一方面在享受她的美丽，向她<u>索取食物</u>和<u>能源</u>，另一方面又在<u>破坏</u>她。因此，人与自然的关系值得我们认真思考。

大自然的美丽是我们每个人都能看到的。一年四季的风景，就像一幅移动的画：<u>春风</u>追着白云，给<u>大地</u>送来了绿色；蜜蜂赶着花期，采回了生活的甜蜜；太阳取出<u>画笔</u>，给勤劳的农民画出<u>金色</u>的秋天；<u>雪花</u>趁着黑夜，给大地<u>盖</u>上厚厚的<u>棉被</u>。我们就是生活在这样一个五颜六色的世界里。

大自然给了我们一个美丽的家，却从不<u>拒绝</u>我们的索取。我们先向她要河里的水、地上的<u>果实</u>；接着跟她要天上的鸟、树林里的动物、海里的鱼；然后又跟她要<u>地下</u>的<u>石油</u>和<u>矿藏</u>，她都给我们了。

1. 善待（动）shàndài to treat sb./sth. well /kindly
2. 上天（名）shàngtiān God / 请~保佑我们的孩子吧！
3. 财富（名）cáifù fortune; wealth / 她拥有~和美貌。
4. 索取（动）suǒqǔ to ask for / 爱是付出，不是~。
5. 食物（名）shíwù food / 每个动物都是~链中的一环。
6. 能源（名）néngyuán energy sources /太阳能是人类可以循环利用的~。
7. 破坏（动）pòhuài to do damage to / 不要~环境。
8. 春风（名）chūnfēng spring breeze /~吹拂着我的脸庞。
9. 大地（名）dàdì mother earth /春天把~变成了五颜六色的图画。
10. 画笔（名）huàbǐ painting brush
11. 金色（形）jīnsè golden
12. 雪花（名）xuěhuā snowflake
13. 盖（动）gài to cover / 他把茶杯~上了。
14. 棉被（名）miánbèi quilt
15. 拒绝（动）jùjué to refuse / 我的要求被他~了。
16. 果实（名）guǒshí fruit
17. 地下（名）dìxià underground
18. 石油（名）shíyóu oil
19. 矿藏（名）kuàngcáng mineral resources

第6课　生而为人

我们不断地跟她要这要那，她一直在给予。

而我们给了大自然什么呢？汽车让空气中有一股难闻的气味，工厂的污水让河水不再清澈，发达的城市由绿色变成了灰色。我们正在一点儿一点儿地偷走她的美丽。

人与自然的关系不应该是一种单方面给予的关系。人要懂得感谢大自然，更要学会保护大自然。只有这样，我们才能安心地享受这笔财富。

20. 给予（动）jǐyǔ to give; to bestow / 母亲~我们生命。
21. 而（连）ér however; but
22. 清澈（形）qīngchè clear; limpid / 她有一双~的眼睛。

练习　Exercises

一　判断对错

☐ 1. 我们只向大自然索取了很多吃的东西。
☐ 2. 大自然中的风景四季不同。
☐ 3. 大自然的美丽是人类创造出来的。
☐ 4. 大自然给了我们任何想要的东西。
☐ 5. 人类的活动破坏了大自然的美丽。
☐ 6. 保护大自然是为了看到美丽的风景。

二　根据文章内容选择正确答案

1. 人与自然的关系值得认真考虑，是因为_____。
   A. 大自然是一笔财富
   B. 人们不想保护自然
   C. 人们需要食物和能源
   D. 人们在享受大自然的同时，也在破坏大自然

2. 在大自然中，_____，所以她很美丽。
   A. 有四季的风景　　　　　　B. 有移动的画
   C. 有春风送来的绿色　　　　D. 有蜜蜂采回的甜蜜

3. 我们总是_____，这样是不对的。
   A. 向大自然要河里的水、地上的果实
   B. 跟大自然要天上的鸟、树林里的动物、海里的鱼
   C. 跟大自然要地下的石油和矿藏
   D. 不断地向大自然索取各种资源

4. 下列各项中我们应该给大自然的是_____。
   A. 很贵的手机   B. 美丽的房子
   C. 精心的爱护   D. 一幅风景画

5. 下列与大自然的相处方式正确的是_____。
   A. 每跟她要一次东西，都说一声"谢谢"
   B. 一方面接受大自然的给予，另一方面也要保护她
   C. 从来都不向大自然索取资源
   D. 哪儿有美丽的风景，就去哪儿

三 根据文章内容填写图表

美丽的家
河里的_____   海里的_____
地上的_____   地下的_____
天上的_____   树林里的_____

给予
人类 ⇄ 大自然
给予

污染与破坏
空气_____
河水_____
城市_____

四 根据文章内容回答问题

1. 作者想通过这篇文章表达什么？

2. 作者为什么要写一年四季的风景？

3. 你觉得大自然像什么？为什么？

4. 你认为哪些事情是在破坏大自然？

第 6 课　生而为人

5. 我们应该怎样保护大自然？

五　词语搭配

1. 填入合适的量词
   一（　　）财富　一（　　）画　一（　　）气味　一（　　）白云
   一（　　）蜜蜂　一（　　）棉被　一（　　）鱼　一（　　）城市

2. 填入合适的形容词
   （　　）的自然　（　　）的财富　（　　）的生活　（　　）的气味
   （　　）的河水　（　　）的城市　（　　）的秋天　（　　）的世界

3. 填入合适的名词
   索取（　　）　破坏（　　）　赶（　　）　盖（　　）　享受（　　）

写　作

一　热身活动

你认为比较复杂的句子有什么特点？你学过由两个分句组成的句子吗？什么时候会用到这样的表达方式？

二　写作任务

[任务1] 复句（一）

学一学

复句是由两个分句组成的句子，一般用关联词连接。

复句类型	常用关联词	例句
并列复句	既……又…… 一边……一边…… 一方面……另一方面……	1. 她既聪明又漂亮。 2. 小王喜欢一边学习一边听音乐。 3. 到中国留学,一方面可以学习汉语,另一方面可以了解中国文化。
承接复句	首先……然后…… 于是…… 接着……	1. 政府向国民承诺,首先解决吃的问题,然后再解决住的问题。 2. 他认识到了自己的错误,于是惭愧地低下了头。 3. 她唱了一首歌,接着又跳了一段舞。
递进复句	不仅……而且…… 不要说……就是…… 甚至……	1. 北京的春天不仅干燥,而且风沙很大。 2. 这么简单的道理,不要说大人,就是小孩子也都知道。 3. 他不能喝酒,甚至连啤酒也喝不了。
选择复句	或者……或者…… 与其……不如……	1. 或者派小王去,或者派小李去,总要去一个人。 2. 我觉得与其去看电影,还不如在家睡觉。
转折复句	尽管……不过…… 然而…… 反而……	1. 尽管我以前学过英语,不过现在都忘了。 2. 钱很重要,然而有些东西比它更重要,比如幸福、健康等。 3. 我本想安慰她不要伤心,但她听了我的话反而哭得更厉害了。

第 6 课　生而为人

练一练

用指定词语改写对话

（1）

男：我觉得你是一个美丽善良的姑娘，这束玫瑰送给你！（既……又……）
_____
_____

女：谢谢你！玫瑰很美，可是我不能接受，因为我对玫瑰过敏。
（尽管……不过……）
_____
_____

（2）

A：都什么年代了，有鱼吃还捉老鼠！
B：他这么做是想显示自己的能力，也想让老板看见！
（一方面……另一方面……）

_____

B：可是他花这么大力气，老板可能更不喜欢他。（反而）

_____

那他这样不是很笨很蠢吗？（既……又……）

_____

A：我看咱们在这里说这个事情没什么意思，还是吃鱼吧！

（与其……不如……）

_____

[任务2] 议论文的写作（一）

学一学

议论文是写自己的见解和主张的文章，一般是先提出一个观点，再证明自己是对的，最后下结论。

> **主题：生活既有快乐也有烦恼**
> ① 快乐：生活很幸福 听好听的音乐 有一个幸福的家庭 玩儿 高兴 读书
> ② 烦恼：生活很难 没意思 生病 失恋 难过 找工作 上班
> **结论：生活的快乐和烦恼我们都要坦然面对**
>
> ---
>
> 　　人一生下来就要生活。生活是快乐的，但也有很多烦恼。每个人都要面对生活的好与坏，创造自己的幸福人生。
> 　　一生中会经历很多高兴的事情。（举例说明：美景、书籍、诗歌、音乐、恋爱结婚、事业成功……）生活是美好的。
> 　　生活还有她不那么理想的一面。（举例说明：没有钱、长得难看、失败、没有工作……）生活很难。
> 　　生活有苦有甜，要平静地面对生活的快乐和烦恼。幸福的生活由我们自己创造。

第6课　生而为人

> 练一练

1. 根据以下主题用指定词语回答问题，并完成表格

> **主题：变化的生活**
> ① 童年：玩儿　高兴　幸福
> ② 青年：学习　上课　找工作　上班　想过富人的生活　失恋
> ③ 老年：住在一个房子里　听好听的音乐　回忆　旅行　难过　生病
> **结论：不同的年龄有不同的生活**

（1）我们的生活是不变的吗？（既……又……）

（2）人生有哪些阶段？（不仅……而且……）

（3）每个阶段各有什么特点？（然而）

（4）你怎么看不同阶段的人生？（尽管……不过……）

（5）人的童年是什么样子？（首先　或者……或者……）

（6）你的童年记忆里有什么故事？（一边……一边……）

（7）青年时代是什么样子？（接着）

（8）年轻人生活中最重要的是什么？请举例说明。（于是）

（9）老年生活是什么样子？（最后）

（10）你记得你爷爷奶奶的什么事情？（甚至　不要说……就是……）

（11）你怕老吗？（与其……不如……）

（12）你觉得人的一生应该怎么过？（一方面……另一方面……　反而）

第一段：（1）—（4）	
第二段：（5）—（6）	
第三段：（7）—（8）	

(续表)

第四段:(9)—(11)	
第五段:(12)	

2. 把上面表格中的内容整理成一篇短文

3. 根据以下提纲写一篇短文

> 主题:物质生活和精神生活
> ① 物质生活:住在一个房子里　吃饭　睡觉　走路　上班　找工作　学习　上课　想过富人的生活　住在大城市
> ② 精神生活:听好听的音乐　感情　失恋　难过　高兴　读书
> 结论:物质生活和精神生活都很重要

三 实战练习

1. 分小组完成以下提纲

   > 主题：人与动物
   > ①
   > ②
   > ③
   > 结论：

2. 根据提纲写出议论文初稿（写5段，400字）

3. 跟同学交换初稿，并完成练习
   （1）各段内容都清楚吗？有什么需要补充？
   （2）找出同学作文中的错误并修改；
   （2）找出同学作文中的好句子，试着用到你的作文中。

四 定稿

请把修改后的作文写在作文纸上。

第 7 课　文化差异

配套资源

阅读（一）

在你们国家，一般在什么情况下会送礼？挑选礼物的时候会考虑哪些方面（价格、品牌、数量、对方的喜好等）？

东西方送礼习惯比较

送礼是人类表达感情的一种方式。每个人都给别人送过礼物，也从别人手里收到过礼物。但东方人和西方人在送礼习惯上有很大的不同，主要表现在送礼的次数、礼物的价值和对待礼物的态度上，文化上的差异显而易见。

东方人经常送礼，而西方人只在特殊的日子送

1. 人类（名）rénlèi human race; mankind / ~社会 | 造福~
2. 方式（名）fāngshì way; style / 工作~ | 批评学生要注意~。
3. 次数（名）cìshù frequency; number of times / 练习的~越多，熟练的程度越高。| 这样的事情看的~多了，也就不觉得奇怪了。
4. 对待（动）duìdài to treat / ~朋友要真诚。| 要正确~批评。
5. 差异（名）chāyì difference / 中国国土辽阔，南北气候~很大。
6. 显而易见 xiǎn'éryìjiàn obviously / 他目不转睛地看着她，爱慕之情~。

82

第 7 课　文化差异

礼。东方人认为，要想感谢一个人，送一件合适的礼物是一件很自然的事情，因此，初次见面、请人帮忙、逢年过节、婚丧嫁娶都常常送礼；而西方人则认为，一句感谢的话已经足以表达感激之情，用不着经常送礼，所以他们只在感恩节、圣诞节、生日和婚礼等特殊的日子给亲朋好友送礼。比较而言，东方人比西方人送礼的次数更多。

东方人比较看重礼物的价值，西方人则更看重礼物代表的心意。东方人送礼没有固定标准，给老人可以送实用的微波炉，也可以送一件工艺品；给孩子可以送衣服，也可以送玩具；给年轻人可以送化妆品，也可以送一部手机。但一般不会给重要的人和帮了大忙的人送便宜的东西。西方人在挑选礼物时也会花很多时间，但他们不太会考虑礼物的价值，哪怕是一件很便宜的礼物，送礼的人也不会不好意思，收礼的人也一定是高高兴兴的。相比之下，礼物的价值对东方人有着更重要的意义。

东方人收到礼物时一般不当面拆开，而是回家后再打开，而西方人则喜欢当着送礼人的面拆开礼物，让对方看到自己高兴的样子。东方人在送出礼物时会说："这是一点儿小意思，不成敬意。"意思是礼物很少，不好意思。而西方人会说："这是我专门给你挑选的礼物，希望你喜欢。"他们认为自己的礼物是最好的。在对待礼物的态度上，东方人比较客气，西方人比较自然。

总之，东西方送礼习惯有很大的不同，这反映了不同国家、不同民族的风俗和文化存在差异。如果仔细观察，你还会发现更多的不同。

7. 婚丧嫁娶 hūn-sāng-jià-qǔ 指结婚、死亡、女子出嫁与男子娶妻。
8. 足以（副）zúyǐ sufficient to / 这些事实～说明问题。
9. 感恩节（专）Gǎn'ēn Jié Thanksgiving Day
10. 圣诞节（专）Shèngdàn Jié Christmas Day
11. 亲朋好友 qīnpéng-hǎoyǒu 指亲戚朋友。
12. 比较而言 bǐjiào ér yán comparatively speaking / 虽然我很喜欢北京，但～，我更喜欢上海。
13. 看重（动）kànzhòng to attach importance to / ～知识 | 我最～的是他的人品。
14. 则（连）zé then; though (to express contrast with a previous sentence or clause) / 不进～退。| 母亲给孩子满足感，父亲～给孩子方向感。
15. 心意（名）xīnyì kindly feelings / 这份礼物是我们的一点儿～，希望您能收下。
16. 相比之下 xiāngbǐ zhī xià by comparison / 名牌大学的毕业生找工作很容易，～，普通大学的毕业生找工作就难一些。
17. 当面 dāng miàn in sb.'s presence / 如果你对我有意见，请你～告诉我，不要背后说坏话。| 中国人收到礼物一般不会当着对方的面打开。
18. 小意思（名）xiǎoyìsi 比较小的心意（招待客人或赠送礼物时说的客气话）。/ 这是我的一点儿～，送给您做个纪念。
19. 不成敬意 bù chéng jìngyì 无法表达尊敬的心意（招待客人或赠送礼物时的客气话）。/ 这是我的一点儿心意，～，请您收下。

练习 Exercises

一 判断对错

☐ 1. 东方人与西方人对送礼的态度很不相同。
☐ 2. 西方人只在别人过生日时才送礼物。
☐ 3. 东方人比西方人更常送礼物。
☐ 4. 东方人比较重视礼物的价值。
☐ 5. 西方人一般不送陌生人贵重的礼物。
☐ 6. 西方人喜欢在收到礼物时当面打开礼物的包装。
☐ 7. 东方人送的礼物都很便宜，所以觉得不好意思。

二 根据文章内容选择正确答案

1. 关于送礼的次数，说法与文章不符的是_____。
   A. 东方人常常送礼
   B. 西方人只在特殊的日子送
   C. 西方人不喜欢送礼
   D. 东方人喜欢用送礼的方式表达谢意

2. 关于礼物的价值，说法正确的是_____。
   A. 东方人一般不送便宜的礼物
   B. 西方人不太喜欢花时间选礼物
   C. 东方年轻人之间一般送衣服
   D. 西方人比东方人更重视礼物代表的心意

3. 对待礼物的态度，说法与文章不符的是_____。
   A. 东方人一定要回家后才能打开礼物
   B. 西方人喜欢当面打开礼物
   C. 东方人送礼时很客气
   D. 西方人送礼时比较自然

4. 东西方送礼习惯差距大不是因为_____。
   A. 风俗不同   B. 文化不同
   C. 民族不同   D. 人口数量不同

5. 关于东方人的送礼习惯，描述正确的是_____。
   A. 对帮助过自己的人不送礼也没关系　B. 东方人送礼没有固定标准
   C. 收到礼物一定不能当面打开　　　　D. 送礼时常说"希望你喜欢"

6. 关于西方人的送礼习惯，描述正确的是_____。
   A. 西方人喜欢过节时送礼物　　　　　B. 表达感谢之意时一定送礼物
   C. 送便宜的礼物会感觉不好意思　　　D. 当面拆礼物是为了让自己高兴

三 根据文章内容填写表格

方　面	东方人	西方人
送礼的次数		
礼物的价值		
对待礼物的态度		

四 选词填空

1. _____的发展经过了一个漫长的历史过程。　　　　　　　　（人类｜人物）
2. 这首歌_____了人们对故乡的思念之情。　　　　　　　　　（表达｜表示）
3. 选择朋友，应该_____他的人品，而不是他的外表。　　　　（看重｜看法）
4. 王老师过生日，我们送给他一个蛋糕表达一下_____。　　　（心情｜心意）
5. 学校_____明年多招收10名英语系的学生。　　　　　　　　（思考｜考虑）
6. 这个菜是妈妈_____为我做的，特别好吃。　　　　　　　　（专门｜专注）
7. 如果有矛盾最好_____说清楚，否则会影响彼此的感情。　　（对面｜当面）
8. 他的表演很_____，所有人都被他迷住了。　　　　　　　　（天然｜自然）

五 用所给词语完成对话

1. A：今天他的脸色怎么这么难看？　　　　　　　　　　　　（显而易见）
   B：_____。
2. A：你觉得学习英语和汉语有什么不同？　　　　　　　　　　（则）
   B：_____。

3. A：已经很晚了，快去睡觉吧。　　　　　　　　　　　　　（哪怕）
   B：_____。

4. A：只吃水果和蔬菜能填饱肚子吗？　　　　　　　　　　　（足以）
   B：_____。

5. A：北京最吸引你的地方是什么？　　　　　　　　　　　　（总之）
   B：_____。

六 找出文章中表示"比较"的词所在的句子，并用它们造句

1. _____（比较而言）
2. _____（相比之下）
3. _____
4. _____

阅读（二）

找恋人时，你最关心哪些方面（外表、性格、爱好、共同语言、教育和家庭背景等）？请谈谈你的爱情观。

中国人和美国人的恋爱差异

爱情是美好的，我们大多数人一生中至少要谈一场恋爱，但中国人和美国人在恋爱婚姻上却有很大的差异。中国人谈恋爱大多是为了结婚，因此比较现实和**理智**，美国人谈恋爱则比较感性；中国人选择恋爱对象时限制比较多，**范围**比较小，而美国人的选择范围就大一些；中国人谈恋爱要考虑其他人的看法，而美国人则比较**关注**自己的感受。同样是谈恋爱，内容却又如此不同。

> 1. 理智（名、形）lǐzhì intellect; sane / 失去~ | 当时他表现得非常~。
> 2. 范围（名）fànwéi range / 他们谈话的~很广，涉及政治、科学、文学等各个方面。
> 3. 关注（动）guānzhù to pay close attention to / 这篇报道引起了各界人士的~。| 中国政府非常~环保问题。

第7课　文化差异

中国人谈恋爱不仅考虑现在，还要考虑将来，所以谈恋爱时多是按照结婚对象来看待的。这就不可避免地会带上一些条件，比如男人能不能挣钱，女人能不能给男人带来面子等等，恋爱的过程也是准备结婚的过程。而美国人更注重现在的感受，享受恋爱的甜蜜，所以恋爱时更感性一些。而且不是每一个恋人都是结婚对象，总要试了再说。我知道的两位老人，他们试到有孙子时才结的婚。

中国有着几千年的历史，在中国文化中，有"门当户对"的说法。恋爱婚姻不仅是两个人的事情，而且是两个家庭的事情。年龄、出身、学历、工作、地位都会影响人们的选择。一个帅气的小伙子外表很吸引人，但姑娘一听说他家在农村，也没上过大学，还没找到稳定的工作，就很有可能对他失去兴趣。美国人似乎不太在乎这些，只要谈得来，互相吸引，就可以交往。年龄不是问题，职业不是问题，出身也没关系，征婚广告里谈的也是喜欢玩儿什么、有什么兴趣爱好等等。

中国人谈恋爱要顾及周围的人，父母的意见、亲戚朋友的看法，都对恋爱双方有很大影响。大家眼中的好男人、好女人才是合适的伴侣，否则就不用谈下去了。而美国人认为恋爱完全是个人的选择，不需要考虑别人的感受。比如一个女律师，又聪明又漂亮，却总是找那些比她差很多的人做男友，其中一个还是监狱里的囚犯。她自己喜欢，别人也不干涉。

4. 不可避免 bùkě-bìmiǎn ineluctable / 上班时间路上堵车是~的。| 每个人都~地面临生老病死的问题。

5. 注重（动）zhùzhòng to place emphasis on / 中国是一个~礼仪的国家。

6. 征婚 zhēng hūn to advertise for a life partner / ~启事 | 他在网上征过婚，但没成功。

7. 顾及（动）gùjí to take into consideration / 无暇~ | 既要~生产，又要~职工的生活。

8. 监狱（名）jiānyù jail / 他因盗窃罪而被关进了~。| 他在~里生活了十多年才被放出来。

9. 囚犯（名）qiúfàn prisoner / 这所监狱关着许多女~。

恋爱中的理性和感性,选择的多和少,他人意见和个人感受,只是中美文化差异的一部分,也许还有更多不同。但不管怎样,爱的感觉很好。

> 10. 理性（名、形）lǐxìng nous; rational / 失去~ | 他分析问题很~。

练习 Exercises

一 判断对错

☐ 1. 中国人谈恋爱大多比较理性而非感性。
☐ 2. 美国人谈恋爱的目的是为了结婚。
☐ 3. 美国人选择恋爱对象的范围比中国人广。
☐ 4. 中国人谈恋爱只听父母的意见。
☐ 5. 美国人谈恋爱只要自己感觉好就行。
☐ 6. 美国人对交往的对象没有任何要求。
☐ 7. "门当户对"的婚恋观是中国文化的一部分。
☐ 8. 中国人的恋爱过程也是准备结婚的过程。

二 根据文章内容选择正确答案

1. 中国人与美国人的恋爱方式不同,不表现在_____上。
   A. 恋爱的目的　　　　　　　　B. 恋爱的次数
   C. 恋爱时的关注点　　　　　　D. 选择恋爱对象的范围

2. 下列说法不正确的是_____。
   A. 中国人谈恋爱会考虑对方家庭　　B. 美国人接受只恋爱不结婚
   C. 美国人谈恋爱更关心对方的爱好　D. 中国人谈恋爱不受朋友的影响

3. 关于美国人的婚恋观描述不正确的是_____。
   A. 不考虑对方的年龄或职业　　　　B. 选择自己喜欢的人,不受别人影响
   C. 为了享受恋爱的甜蜜而不结婚　　D. 选择相互吸引和聊得来的人

第 7 课　文化差异

4. 关于中国人的婚恋观描述正确的是＿＿＿＿＿＿。
   A. 大多选择大家眼中的好男人或好女人
   B. 谈恋爱只参考亲戚的意见
   C. 只看重年龄和出身
   D. 所有人都是为了结婚而恋爱

5. 这篇文章的中心意思是＿＿＿＿＿＿。
   A. 中美恋爱观的异同　　　　　　　B. 中国人的恋爱观
   C. 美国人的恋爱观　　　　　　　　D. 中美在恋爱问题上的文化差异

三　根据文章内容填写表格

方　面	中国人	美国人
理性与感性		
选择的范围		
关注点		
其他人的意见		

四　参考下列词语谈谈你的恋爱观（不少于100字）

> 感性　理性　注重　在乎　顾及　征婚　恋爱
> 结婚　对象　吸引　选择　出身　影响　门当户对

_____
_____
_____
_____
_____
_____

五 词语搭配

1. 填入合适的量词

   一（　　）恋爱　　一（　　）夫妻　　一（　　）广告

   一（　　）监狱　　一（　　）囚犯

2. 填入合适的形容词

   （　　）爱情　　（　　）婚姻　　（　　）工作

   （　　）选择　　（　　）伴侣

3. 填入合适的名词

   谈（　　）　　关注（　　）　　干涉（　　）

   失去（　　）　　在乎（　　）

六 看拼音写汉字，并填空

chāyì　lǐzhì　fànwéi　guānzhù　zhēnghūn　gùjì　jiānyù　qiúfàn

1. 虽然他是一个（　　），但仍然坚持在狱中学习。
2. 请你（　　）地考虑一下我的建议，然后告诉我你的决定。
3. 许多人在报纸上看到了他的（　　）广告。
4. 她说话从来不（　　）别人的感受，想说什么就说什么。
5. 这次考试的（　　）是从第六课到第九课。
6. 他从（　　）里出来以后，用五年时间创办了自己的公司。
7. 为了引起别人的（　　），他把头发染成了红色。
8. 请你说说中国南北方在饮食方面的主要（　　）。

写作

一 热身活动

在生活中，我们常常要比较两种事物，你一般怎么比较？用哪些词？你知道几种比较方式？

第 7 课　文化差异

二、写作任务

[任务 1] 比较两种事物

学一学

在议论文的写作中，人们常常对两种事物进行比较。汉语中用于比较的句式很多。

常用句式	例句
……和……在……上有很大的不同	日语和英语在书写方式上有很大的不同。
……比……更……	她比以前看起来更漂亮了。
……比……+形容词+得多	今天比昨天冷得多。
……和/与/跟……相比	他的汉语口语水平与去年相比，有了很大的进步。
……不如……	玛丽画的画儿不如我。
……（不）像……那么……	女儿做饭的手艺不像妈妈那么好。
什么都比不上……	在我心里，什么都比不上爱情重要。
……和……比较起来	苹果和香蕉比较起来，我更喜欢吃苹果。
（可）比不了	他的学习成绩可比不了他的女朋友。
相比之下	打车去天安门很方便，相比之下，坐地铁去更方便。

练一练

1. 用所给的词语或句式完成对话

（1）A：为什么每次大卫的考试成绩都比我们高？　　　　　　　（比不了）
　　　B：_____。

（2）A：你发现约翰最近有什么变化吗？　　　　　　　（……比……更……）
　　　B：_____。

（3）A：现在的大学生毕业后找工作难吗？　　　　　　　　　（相比之下）
　　　B：_____。

（4）A：对你来说什么最重要？　　　　　　　　　　（什么都比不上……）
　　　B：_____。

（5）A：亚洲人和欧洲人有什么不同？　（……和……在……上有很大的不同）
　　　B：_____。

（6）A：你们家乡的气候跟北京一样吗？　　　（……比……+形容词+得多）
　　　B：_____。

2. 用所给的词语或句式看图写两句话

（1）

……不如……
……比……更……
相比之下

（2）

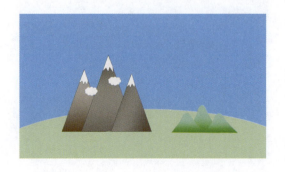

……不像……那么……
比不了
什么都比不上……

（3）

……和……相比
……（不）像……那么……

_____
_____

[任务 2] 议论文的写作（二）

学一学

议论文的写作一般要求简明扼要。第一段把全文的内容概括出来，并表明自己的观点。如：

送礼是人类表达感情的一种方式，每个人都给别人送过礼物，也从别人手里收到过礼物。但东方人和西方人在送礼习惯上有很大的不同，主要表现在送礼的次数、礼物的价值和对待礼物的态度上。文化上的差异显而易见。

一	点题：东方人和西方人在送礼习惯上有很大的不同。
二	分别说出下面几段的主要内容： ① 送礼的次数 ② 礼物的价值 ③ 对待礼物的态度
三	观点：文化上的差异显而易见。

练一练

1. 根据下面的内容完成表格

（1）北京烤鸭是北京的一道名菜，大家都非常喜欢它的味道。但要想了解北京烤鸭，我们必须知道它的来历、做法和吃法。只有这样，我们才算真正吃过北京烤鸭。

一	点题：
二	分别说出下面几段的主要内容： ① ② ③
三	观点：

（2）中餐和西餐有很大的不同。首先是它们的做法不同，其次是它们的吃法不同，最后是用餐时使用的餐具不同。作为一个现代人，了解这方面的知识很有必要。

一	点题：
二	分别说出下面几段的主要内容： ① ② ③
三	观点：

（3）爱情是美好的，我们大多数人一生中至少要谈一场恋爱。但中国人和美国人在恋爱婚姻上却有很大的差异。中国人谈恋爱大多是为了结婚，因此比较现实和理智，美国人谈恋爱则比较感性；中国人选择恋爱对象时限制比较多，范围比较小，而美国人的选择范围就大一些；中国人谈恋爱要考虑其他人的看法，而美国人则比较关注自己的感受。同样是谈恋爱，内容却又如此不同。

一	点题：
二	分别说出下面几段的主要内容： ① ② ③
三	观点：

第 7 课　文化差异

2. 根据下面的提示写出议论文第一段（50—100字）

一	点题：人和动物都是大自然的产物。
二	分别说出下面几段的主要内容： ① 喜爱动物 ② 需要动物 ③ 伤害动物
三	观点：人与动物的关系值得思考。

三　实战练习

1. 根据以下内容用指定词语回答问题

　　中餐和西餐有很大的不同。首先是它们的做法不同，其次是它们的吃法不同，最后是用餐时使用的餐具不同。作为一个现代人，了解这方面的知识很有必要。

（1）中餐和西餐在做法上一样吗？　　（……和……在……上有很大的不同）

（2）中餐和西餐在做法上有什么不同？　　（……比……更……）

（3）你做过中餐或西餐吗？怎么做的？请举例说明。

（……比……+形容词+得多）

（4）吃西餐和吃中餐有什么不同？　　（……和/与/跟……相比）

（5）说说你吃西餐或中餐的经历。　　（……不如……）

（6）中餐和西餐的餐具有什么不同？　　　　　（……不像……那么……）
_____

（7）你喜欢吃中餐还是西餐？　　　　　　　　（什么都比不上……）
_____

（8）你认为我们吃中餐或吃西餐的时候应该注意什么？
　　　　　　　　　　　　　　　　　　　　　（……和……比较起来）
_____

2. 根据以上回答写一篇400字左右的文章《中餐和西餐的不同》，并使用以下词语

> 首先　其次　最后　差异　吸引　选择　注重　相比之下

3. 跟同学交换初稿，并完成练习
　　（1）各段内容都清楚吗？有什么需要补充？
　　（2）找出同学作文中的错误并修改；
　　（3）找出同学作文中的好句子，试着用到你的作文中。

四　定稿

请把修改后的作文写在作文纸上。

第8课 完善自我

配套资源

阅读（一）

你对中国大学生（或年轻人）的评价是什么？你怎么安排自己的业余生活？

中国的年轻人

我十年前来过中国，现在又来到中国，我发现中国的年轻人和过去相比有很大的不同：首先他们看起来更健康了，其次他们更自信了，第三他们更有爱心了。作为一个外国人，我为这个变化感到高兴。

中国的年轻人看起来更健康了。他们的个子明显比过去高了，男孩子看起来很帅，女孩子也很漂亮。随着中国经济的发展，人们的生活水平普遍提高，餐桌上的食品不再单调，营养更加丰富，所以年轻一代自然会超过老一代。当然，除了营养以外，他们喜爱的运动也增加了很多，从传统的乒乓球、篮球、排球、足球到时髦的网球、高尔夫球、攀岩、登山、滑冰，都有中国年轻人的身影。看着他们充满活力的面孔，我也受到了感染。

中国的年轻人越来越自信了。过去的年轻人羞于

1. 攀岩（动）pānyán rock climbing / ~运动在中国开始流行起来。

2. 羞于 xiū yú shy away from / 孩子~告诉妈妈自己尿床的事。

表现自己,很少主动提问或回答问题,更不用说在众人面前展示自己了。现在的年轻人眼界更开阔,个性更鲜明,心态更开放。他们不仅不再害羞,而且主动争取展示自己的机会,比如参加各种电视节目,成就了很多年轻人的明星梦。这反映了他们对自身价值的认识:我就是最好的!从他们自信的笑容中,我感受到了中国年轻人的力量。

中国的年轻人更有爱心了。过去的"小皇帝""小公主"们让人们非常担心,他们得到了太多的爱,却很少付出。如今这些孩子长大了,他们也开始用自己的方式回报社会:地震发生时,他们在捐款;有人受伤时,他们在献血;山区的孩子需要老师时,他们在做志愿者。这种无私的爱,让我看到了中国的希望。

年轻人是一个国家的未来。中国的年轻人虽然还有很多不足,但是他们健康、自信、仁爱,有了这些品质,中国的未来会更加美好。

3. 成就(动)chéngjiù to achieve / ~大业 | 为了~梦想,他付出了常人难以想象的努力。

4. 回报(动)huíbào to pay back / 做好事不图~。

5. 捐款 juān kuǎn to donate money / 向灾区~ | 他给这所学校捐了一笔款。

6. 献血 xiàn xiě to donate blood / 今天中午我参加了大学生义务~活动。| 他献过两次血。

7. 志愿者(名)zhìyuànzhě volunteer / 奥运会期间,有很多在校大学生报名成为~。

8. 品质(名)pǐnzhì quality / 道德~ | 一个人的道德与思想~比他的外表更重要。

练习 Exercises

一 判断对错

☐ 1. 这篇文章不是中国人写的。
☐ 2. 现在的年轻人比过去高不只是因为他们喜欢运动。
☐ 3. 现在的年轻人只要参加电视节目就能成就梦想。
☐ 4. 中国的独生子女都很自私,不懂得付出爱。
☐ 5. 中国的年轻人越来越健康、自信和仁爱。

第 8 课　完善自我

二　根据文章内容选择正确答案

1. 现在的年轻人跟过去相比，文中没有提到的是_____。
   A. 更健康了　　　　　　　　　B. 更自信了
   C. 更有爱心了　　　　　　　　D. 更有责任感了

2. 现在的年轻人比过去更健康了，主要表现在_____。
   A. 更喜欢旅游了　　　　　　　B. 得病的少了
   C. 个子更高了　　　　　　　　D. 更喜欢吃东西了

3. 在展现自信方面，现在的年轻人跟过去相比，最大的不同是_____。
   A. 性格更内向　　　　　　　　B. 更主动展示自己
   C. 不善于交际　　　　　　　　D. 视野不够开阔

4. 现在的年轻人回报社会的方式，文中没有提到的是_____。
   A. 捐物　　　　　　　　　　　B. 献血
   C. 捐款　　　　　　　　　　　D. 当志愿者

5. 关于中国的年轻人，下列描述与文章相符合的是_____。
   A. 只会得到爱而不会付出爱　　B. 他们还有很多不足
   C. 只喜欢传统的体育活动　　　D. 个性鲜明、心态保守

三　根据文章内容填写表格

中国年轻人的特点	过去	现在
健康		
自信		
有爱心		

四 词语搭配

1. 填入合适的形容词

（　　）年轻人　　（　　）眼界　　（　　）爱　　（　　）未来

（　　）运动　　（　　）食品　　（　　）营养　　（　　）个性

（　　）心态　　（　　）笑容

2. 填入合适的名词

提高（　　）　回报（　　）　捐（　　）　参加（　　）　充满（　　）

受到（　　）　展示（　　）　争取（　　）　成就（　　）　付出（　　）

五 用所给词语或句式完成对话

1. A：你为什么选择来中国留学？　　　　　　　　　（首先……其次……第三……）

   B：_____。

2. A：为什么不想生孩子的年轻人越来越多？　　　　　　　　　　　　　　（随着）

   B：_____。

3. A：你觉得学习汉语最难的部分是什么？　　　　　　　　　　　（除了……以外）

   B：_____。

4. A：你会说几种语言？　　　　　　　　　　　　　　　　　　（不仅……而且……）

   B：_____。

5. A：你为什么不喜欢在学校食堂吃饭？　　　　　　　　　　（虽然……但是……）

   B：_____。

阅读（二）

你认为怎样才能获得成就感？你理解的"幸福人生"是什么样子的？

第8课　完善自我

做一个可以创造成就感和幸福感的人

新东方①的核心教育理念有三个方面,即让孩子拥有终身学习能力、全球视野和独立人格。

首先是终身学习。我常常回顾我自己,其实我上大学时不是一个好学生,毕业的时候英语水平很低,平均成绩67分,专业能力明显很弱,但是为什么如今有了这么大的发展呢?最重要的原因,是学校教给了我终身学习的能力,让我知道怎样去图书馆找书看,如何查资料,如何面对大量的信息去独立判断。

其次是全球视野。80年代的时候,中国大学生很难碰到外国人,学校请外国人给我们用英语教学,我有幸在英语系学习,这样就逐渐接触到西方文化,更全面地了解世界了。当中文系的学生在思考怎么写出一首中文诗歌的时候,我们也在努力背诵西方的诗歌。拥有全球视野是非常重要的,随着思维方式的改变,人们会发现,这个世界比他曾经接受的世界更加广阔。

最后是独立人格。在大学求学时,学校鼓励学生独立思考。每天都会发生很多事情,大家心里都

---

1. 核心（名）héxīn core / 领导~｜~作用｜作为球队的~人物,他的表现非常重要。
2. 理念（名）lǐniàn philosophy / 人生~｜经营~｜文化~｜在管理企业方面,这个老板的~很超前。
3. 终身（名）zhōngshēn all one's life/ ~受益｜这个优秀的演员获得了~成就奖。
4. 人格（名）réngé personality / ~高尚｜教育的目的是要培养~健全的学生。

有无数的问题，于是我们去寻求各种不同的答案，这样就培养了我们的独立判断能力和独立思考能力。我们用自己的方式，不断去寻找正确的答案。这样的能力，最后就成为独立思维的能力。

如果学会了终身学习，有了全球视野和独立人格，我觉得就基本奠定了一个人成功的基础。一个人一辈子不一定赚大钱，也有可能赚大钱，但能不能赚到大钱，已经不重要了，重要的是作为实实在在的、有尊严的、自己可以创造成就感和幸福感的人，活在这个世界上。

（选自《早安，新东方！》2016年8月5日第232期，俞敏洪，有改动）

5. 寻求（动）xúnqiú to seek; to pursue / ~知识 | ~真理

6. 奠定（动）diàndìng to establish / ~基础 | 这座大桥的建成，为京沪高铁的通车~了坚实基础。

注释

① 新东方，全名北京新东方教育科技（集团）有限公司，是规模较大的综合性教育集团，总部位于北京市海淀区中关村。创始人俞敏洪，现任新东方总裁，北京大学英语系毕业，他的传奇经历曾被拍成电影。

练习 Exercises

一 判断对错

☐ 1. 只要拥有终身学习能力，就一定能赚大钱。
☐ 2. 中国所有的大学早在80年代就已经开始聘用外教上课了。
☐ 3. 为了改变思维方式，必须学习英语。
☐ 4. 不断寻找正确答案的过程，也是培养独立思维能力的过程。
☐ 5. 一个人若想成功，必须拥有全球视野。
☐ 6. 会创造成就感和幸福感是一种实实在在的能力。

第 8 课　完善自我

二　根据文章内容选择正确答案

1. 在新东方的核心教育理念中最重要的是＿＿＿＿。
   A. 终身学习　　　　　　　　B. 全球视野
   C. 独立人格　　　　　　　　D. 思考能力

2. 作者在大学学习期间对自己不太满意的方面是＿＿＿＿。
   A. 如何去图书馆找书看　　　B. 如何提高英语专业能力
   C. 如何在图书馆查资料　　　D. 如何独立判断大量的信息

3. 下列说法正确的是＿＿＿＿。
   A. 为了拥有全球视野而背诵西方诗歌
   B. 作者在学校中文系学会了写中文诗歌
   C. 思维方式的改变开阔了全球视野
   D. 80年代的大学都没有外教

4. 关于独立人格的描述，错误的是＿＿＿＿。
   A. 学校教会了作者独立思考的能力
   B. 独立的判断能力是可以培养出来的
   C. 具备独立人格就能成功
   D. 独立思维能力指独立判断与思考的能力

5. 作者认为成功的定义不一定包括＿＿＿＿。
   A. 赚很多钱　　　　　　　　B. 能自己创造成就感与幸福感
   C. 有尊严地活着　　　　　　D. 有独立人格与全球视野

6. 这篇文章的题目还可以改为＿＿＿＿。
   A. 培养终身学习能力　　　　B. 我的学习经历
   C. 取得成功的办法　　　　　D. 新东方的三大核心教育理念

三　根据文章内容回答问题

1. 请简单介绍一下作者是一个什么样的人。

2. 新东方的核心教育理念是什么？

3. 学校是如何教会作者终身学习能力的？
   _____

4. 拥有全球视野的重要性体现在哪里？
   _____

5. 独立思维能力表现在哪几个方面？
   _____

6. 作者认为人应该怎样活着？
   _____

四 词语搭配

1. 填入合适的形容词

   （　　）理念　　（　　）视野　　（　　）人格　　（　　）成绩
   （　　）信息　　（　　）世界　　（　　）答案　　（　　）基础
   （　　）心态　　（　　）原因

2. 填入合适的名词

   培养（　　）　　奠定（　　）　　回顾（　　）　　接触（　　）
   查（　　）　　　背诵（　　）　　改变（　　）　　寻求（　　）

五 用所给的词语或句式完成对话

1. A：你最喜欢北京的哪些方面？　　　　　　　　　　　（……，即……）
   B：_____。

2. A：我想请你去酒吧喝酒，你有时间吗？　　　　　　　　　　（其实）
   B：_____。

3. A：你觉得什么时候最幸福？　　　　　　　　　　　（当……的时候）
   B：_____。

4. A：你最近看起来瘦了很多，怎么回事？　　　　　　（比……更加……）
   B：_____。

5. A：不好意思，我们只能在家里随便吃点儿什么了。
   　　　　　　　　　　　　　　　　　　　（……不重要，重要的是……）
   B：_____。

第 8 课　完善自我

写　作

一　热身活动

你还记得以前学过的复句吗？请举几个例子。

二　写作任务

[任务 1] 复句（二）

学一学

复句是由两个分句组成的句子，一般用关联词连接。

复句类型	常用关联词	例句
让步复句	哪怕……也…… 就算……也…… 就是……也……	1. 父母哪怕自己受苦受累，也要让孩子接受最好的教育。 2. 就算你不请我，我今天也会来。 3. 我今天就是不睡觉，也要把这项工作做完。
因果复句	由于……所以…… 因此…… 以至于……	1. 由于上班的路上堵车，所以他迟到了。 2. 我最近肚子不太舒服，因此不能吃太油腻的东西。 3. 他最近太忙了，以至于把自己的生日都忘了。
目的复句	为的是…… 免得…… 以（便）……	1. 我现在学习这么努力，为的是将来能找到一份好的工作。 2. 天气渐渐冷了，要注意添加衣服，免得生病。 3. 我每天坐地铁上下班，以节约时间。

(续表)

复句类型	常用关联词	例句
条件复句	凡是……都…… 不管……都…… 除非……否则…… 不论……都……	1. 凡是中国人，都知道故宫和长城。 2. 不管孩子走到哪里，妈妈都惦记着他。 3. 除非我生病了，否则我一定会参加你的毕业典礼。 4. 不论哪个老师，都夸他是个好学生。
假设复句	假如……就…… 幸亏……不然…… 要不是……就……	1. 假如你需要我的帮助，就告诉我。 2. 幸亏我们今天提前出发了，不然一定会赶不上飞机。 3. 要不是你提醒我明天有考试，我就把这事给忘了。
紧缩复句	越……越…… 没有……就没有……	1. 年纪越大记性越差。 2. 没有父母的培养就没有我今天的成绩。

练一练

1. 用指定词语改写对话

男：因为有你，我今天玩儿得很开心。　　　　　　　　　（由于……所以……）

_____。

女：你今天请我出来我也很高兴，不然我还要听我妈妈唠叨。（幸亏……否则……）

_____。

男：我也不喜欢听人唠叨，可她是你妈妈啊！没有办法，对不对？（不管……都……）

_____。

女：你说得对。我以后还是耐心一点儿，不让她生气。　　　　　　（免得……）

_____。

2. 用指定词语改写下面的段落

　　水果是人类不可缺少的食物，但食用的时间很有讲究。喜欢吃水果的人都有饭后吃水果的经历（凡是……都……），因为人们认为水果什么时候吃都可以（不管……都……），就算睡觉之前吃也没有问题（哪怕……也……）。其实吃水果的最佳时间是饭前,饭后吃会给身体带来不良影响(除非……否则……)。饭后吃水果,水果的营养就被食物挡住了,与此同时,胃酸会让水果变质(由于……),有些人吃完水果后会出现打嗝、腹胀、腹泻等症状(以至于……)。但是你空腹吃水果,就不会出现上述症状(假如……就……)。有人曾尝试三天只吃水果,让自己的身体得以清洗(以……),效果惊人。所以说,正确把握吃水果的时间,是保持健康的关键(因此……)。

[任务2]议论文的写作(三)

学一学

议论文一般在每段的第一句话概括本段内容,然后举例说明,最后表明观点。如:

首先是终身学习。我常常回顾我自己,其实我上大学时不是一个好学生,毕业的时候英语水平很低,平均成绩67分,专业能力明显很弱,但是为什么如今有了这么大的发展呢?最重要的原因,是学校教给了我终身学习的能力,让我知道怎样去图书馆找书看,如何查资料,如何面对大量的信息去独立判断。

一	概括:首先是终身学习。
二	举例:我上大学时不是一个好学生,毕业的时候英语水平很低,平均成绩67分,专业能力明显很弱。
三	观点:学校教给了我终身学习的能力。

练一练

1.根据以下内容完成表格

(1)中国的年轻人越来越自信了。过去的年轻人羞于表现自己,很少主动提问或回答问题,更不用说在众人面前展示自己了。现在的年轻人眼界更开阔,个性更鲜明,心态更开放。他们不仅不再害羞,而且主动争取展示自己的机会,比如参加各种电视节目,成就了很多年轻人的明星梦。这反映了他们对自身价值的认识:我就是最好的!从他们自信的笑容中,我感受到了中国年轻人的力量。

一	概括：
二	举例：
三	观点：

（2）中国的年轻人更有爱心了。过去的"小皇帝""小公主"们让人们非常担心，他们得到了太多的爱，却很少付出。如今这些孩子长大了，他们也开始用自己的方式回报社会：汶川地震发生时，他们在捐款；有人受伤时，他们在献血；农村的孩子需要老师时，他们在做志愿者。这种无私的爱，让我看到了中国的希望。

一	概括：
二	举例：
三	观点：

2. 阅读并回答问题

今天上午我在一个大学做招生演讲，来了很多家长，都在问，我的孩子上不了名牌大学，是不是未来就没有出息了？我说你回去想一下，别想孩子能上什么大学，也别想孩子能不能出国读书，你看一下，孩子是不是具有以下四方面的素质：1. 积极向上的人生态度。无论孩子处于什么环境，都能一直保持积极阳光的心态。我觉得这个很重要。2. 面对困难和挫折，能够重新站起来的能力。因为人生中每个人都会遇到困难和挫折，在父母呵护下长大的年轻人，到了大学校园，需要自我独立了，难免有些不适应，一旦遇到一些跟自己所想的不一样或是自己不能接受的事情，可能会受不了，压力倍增。事实上，生活中遇到的困难，我们可以转换一下思路，用另外一种方式去解决。3. 社交能力，英文是social intelligence，其实也就是跟人沟通时的情商。这也特别重要，因为人是不能独立生活在世界上的，孩子们也一样，他们要建立自己的圈子，遇到困难的时候能有人帮助，做事业的时候能有人组队。除此之外，这个能力还包括当他们孤单的时候有能力去寻找世界上有智慧的人，共享思想的智慧，所以这一点是特别重要的。4.坚持做自己喜欢的事情。作为父母，我们不能去干涉孩子，除非孩子做的事可能违反法律，否则我们不要去管他。如果孩子做时尚、做媒体、做网络都是好事，我们不能用父母的价值观去限定孩子们，要求未来他们应该干什么。我遇到过很多父母，要孩子一定学工商管理、电子工程以便未来能赚大钱，好像在父母的头脑中，赚大钱永远是第一位的。这是特别麻烦的事情，父母应该把孩子的兴趣爱好、幸福感放在第一位，这样的话我觉得事情就好办了。

  我个人认为能做到这四点的话，应该是给孩子提供了这棵树成长的肥沃土壤，让他们能够持续生长而不至于干枯。

（1）这篇文章的主题是什么？
_____

（2）这篇文章是从哪几个方面支持主题的？
_____

（3）你觉得这篇文章分几段写比较好？
_____

（4）这篇文章的结论是什么？
_____

3. 用学过的方法改写上面的文章（400字）

三 实战练习

1. 用指定的词语和句式完成文章

健身的快乐

  随着社会的发展，健身已成为人们生活中不可缺少的一个部分。有人健身是为了交友，有人健身是为了减肥，有人健身是为了健康，无论是为了什么，他们都从健身中得到了快乐。

  首先，人们通过健身建立朋友圈子。比如说，（广场舞、微信群，

不仅……而且……、除了……以外）

_____

_____

健身使我们的生活不再寂寞。

　　其次，健身可以帮助我们减掉多余的脂肪。（找对象、找工作，由于……所以……、以至于）

_____

_____

_____

健身让我们重拾自信。

　　最后，健身可以调节情绪。（面对压力、提高工作效率，不管……都……、哪怕……也……、因此）

_____

_____

_____

健身让我们拥有健康。

　　总而言之，健身让我们_____，健身让我们_____，健身让我们_____。

　　为了快乐，健身吧！

2. 参考上面的文章，使用以下词语中的10个完成议论文（400字）

　　参考题目：追星族的快乐　如果我可以选择在哪里生活　网络的利与弊

随着　不仅……而且……　除了……以外　因此
首先……其次……再次……最后……　以至于
不管……都……　哪怕……也……　除非……否则……
由于……所以……　假如……就……　以（便）　幸亏……不然……

3. 跟同学交换初稿，并完成练习

（1）各段内容都清楚吗？有什么需要补充？

（2）找出同学作文中的错误并修改；

（3）找出同学作文中的好句子，试着用到你的作文中。

四 定稿

请把修改后的作文写在作文纸上。

第9课 运动健身

配套资源

阅读（一）

你最喜欢的运动是什么？你心目中最伟大的运动员是谁？为什么是他（或她）？

谁在帮助运动员

运动员是很容易出名的，很可能通过一次比赛，就能让人们一下子记住。而人们不知道的是，在他们背后还有很多人在帮助他们，其中包括教练、医生和营养师等。他们用科学的方法研究、训练运动员，如果没有他们，恐怕没有一个运动员能够成功。因此，我们有必要了解一下他们的工作。

教练是帮助运动员提高成绩的关键人物。以一位短跑运动员的教练小组为例，运动员训练时，教练站在运动场边盯着表，其他人则在场外拍摄训练过程。经过对画面的后期处理，教练能够更好地了解运动员的技术状态。教练说，训练中不能只是坚持大运动量、高强度，有时也应该适当地减轻运动员的负担，这样更有利于他们的进步。教练科学合理的训练方法，是运动员获得成功的重要因素之一。

另一个重要人物就是医生。给运动员当医生很

---

1. 教练（名）jiàoliàn coach / 健身~ | 他是一位著名的足球~。
2. 营养师（名）yíngyǎngshī nutritionist
3. 训练（动）xùnliàn to train / 经过~，他的篮球水平得到了很大提高。
4. 必要（形）bìyào necessary / 展开批评与自我批评是十分~的。| 为了集体的利益，~时可以牺牲个人的利益。
5. 拍摄（动）pāishè to shoot (a picture) / ~照片 | ~电影
6. 画面（名）huàmiàn picture; scene / ~清晰 | 我永远忘不了这部电影里的~。
7. 后期（名）hòuqī later period / 19世纪~ | 第一次世界大战~
8. 状态（名）zhuàngtài state / 心理~ | 身体~ | 病人处于昏迷~。
9. 强度（名）qiángdù intensity / 劳动~ | 训练~ | 高~

第9课　运动健身

不容易，要对运动员的生理和心理情况非常了解。比如姚明在受伤以后练球时，怎么投球也投不进去，他只得笑笑说："受伤太久了，今天我的状态不是很好。"他说"状态不好"绝对不是一个借口，经科学测试，运动员大脑中的刺激源越多，他的反应能力就越差；刺激源越少，他的反应能力就越强，也就是状态比较好。医生了解运动员什么时候会心慌和紧张，也知道什么时候该给运动员放什么样的音乐进行放松。运动员受伤时，医生还要给他们治疗，使他们能够尽快回到赛场。

再说说营养师，他们必须保证每个运动员的营养需求。每个运动员都有自己偏爱的食物，比如刘翔喜欢吃海鲜，马琳喜欢涮羊肉，而前奥运冠军钱红最喜欢吃面条儿。研究证明，需要热量最低的是棋类运动员，其次是射击，然后是乒乓球和羽毛球，而长距离游泳与长跑需要的热量最高。营养师根据这些研究成果给运动员准备食物，特别是在运动员身体疲劳的情况下，需要马上补充营养。没有营养师，运动员的饮食就不可能既好吃又有营养。

中国之所以能够成为体育大国，能够出现这么多的优秀运动员，除了他们自身的努力之外，很重要的因素是他们背后这支团队。在优秀的教练、医生和营养师的帮助下，运动员可以充分发挥他们的优势，在比赛中获得更好的成绩。

（选自《南方周末》，原题《中国狂夺金　超级运动员是怎样炼成的》，姚忆江、荣婷，有改动）

10. 测试（名）cèshì test / 他通过了那家公司的～，被公司录用了。
11. 刺激源（名）cìjīyuán stimulus source
12. 保证（动）bǎozhèng to guarantee / ～产品质量｜～睡眠时间｜～按时完成任务。
13. 需求（名）xūqiú demand / 看看地铁上的低头族，就知道人们对手机的～有多么强烈。
14. 偏爱（动）piān'ài in preference of / 在所有的运动项目中，他～乒乓球。
15. 海鲜（名）hǎixiān seafood
16. 涮羊肉 shuàn yángròu instant-boiled mutton
17. 前（形）qián former / ～女友｜～任校长
18. 棋类（名）qílèi chess
19. 射击（动）shèjī to shoot
20. 补充（动）bǔchōng to add / 对他的发言，我再～一句。
21. 团队（名）tuánduì team; group / 体育～｜旅游～｜在工作中，～合作非常重要。
22. 充分（形）chōngfèn full / ～利用有利条件｜必须～发挥群众的智慧和力量。

练习 Exercises

一 判断对错

☐ 1. 一个运动员的成功离不开背后团队的支持。
☐ 2. 如果没有教练、医生和营养师的帮助,运动员绝对不能成功。
☐ 3. 帮助运动员提高成绩最关键的人物是医生。
☐ 4. 教练的训练方法对运动员取得冠军起着重要的作用。
☐ 5. 当运动员的医生要了解和解决运动员的生理及心理问题。
☐ 6. 营养师给运动员准备的食物只要好吃就行。

二 根据文章内容选择正确答案

1. 一个运动员的成功需要很多人的帮助,文中没提到的是_____。
   A. 教练　　　B. 朋友　　　C. 医生　　　D. 营养师

2. 下列不属于教练的训练理论的是_____。
   A. 不能只进行大运动量训练　　　B. 适当减轻运动员负担
   C. 不能进行高强度训练　　　　　D. 以拍摄的方式了解运动员的技术状态

3. 医生要了解运动员是为了_____。
   A. 跟他们做朋友　　　　　　　B. 知道他们喜欢什么音乐
   C. 帮助他们提高运动成绩　　　D. 帮助他们了解大脑中的刺激源

4. 运动员的饮食最重要的是_____。
   A. 热量与营养　　　　　　　B. 食物的颜色
   C. 偏好与口感　　　　　　　D. 食物的种类

5. 需要热量最低的运动是_____。
   A. 球类　　　B. 射击　　　C. 长跑　　　D. 棋类

6. 中国能够成为体育大国的原因是_____。
   A. 运动员自身的努力和他们背后团队的支持
   B. 中国人都喜欢体育
   C. 运动员吃得都很有营养
   D. 中国有很多天才运动员

第 9 课　运动健身

三　根据文章内容，用括号里的词语回答问题

1. 教练怎样训练短跑运动员？　　　　　　　　　　（盯　拍摄　有利于）
   _____
   _____

2. 为什么说给运动员当医生很不容易？　　　　　（了解　状态　放松　治疗）
   _____
   _____

3. 营养师的重要性表现在哪些方面？　　　　　　　（保证　根据　准备）
   _____
   _____

4. 中国为什么能出现那么多优秀的运动员？　　　　　　　（首先　其次）
   _____
   _____

四　根据文章内容连线

教练　　　　　　　对运动员实施高强度训练
　　　　　　　　　了解运动员的饮食爱好
　　　　　　　　　了解运动员的心理变化
医生　　　　　　　研究运动项目的热量需求
　　　　　　　　　减轻运动员的思想负担
营养师　　　　　　给运动员补充营养
　　　　　　　　　治疗运动员的伤病

阅读（二）

你觉得哪些不良习惯会影响健康？如何才能保持健康？

切勿久坐

久坐对健康不利，这一点估计很多人都知道。但久坐会危及生命，恐怕就没有那么多人知道了。人们坐的时间越长，对健康影响越大。有些人觉得只要找时间去去健身房、打打乒乓球或羽毛球，把忙的时候"欠"的运动量补回来就好了。不幸的是，科学研究告诉我们：这不可能！一位瑞典科学家在《英国运动医学》杂志上发表文章说："连续坐4个小时后，身体就开始发出有害信号。"也就是说，人体的生理调节基因将关闭。改变的方法只有两种：或者改变久坐的生活状态，或者用各种方式去频繁打断坐着的姿势。

为了您的健康，请选择一个不需要久坐的工作。世界卫生组织体育活动专家建议，要一整天都在活动而不是每天中的一段时间。很多工作都可以保证足够的活动量，比如运动员、舞蹈演员、售货员、餐厅服务员、高尔夫球场的球童等等，选择一个适合您的工作应该不难。

如果不愿放弃现在这份舒适的工作，请尽量频繁地打断坐着的姿势。当您进入办公室开始工作后，应该经常站起来活动活动，不要只通过发邮件的方式与同事交流，走过去告诉他不仅有助于联络感情，而且还对身体有好处。中午休息的时候出去走一走，或者去健身房锻炼锻炼，不要在餐厅或咖啡馆继续坐下去。有些公司职员利用午休时间跪在桌前上网聊天儿，坚持下来效果很好。还有人买来小型活动电脑桌，放在桌子上站着办公，结果有效地减轻了腰椎病带来的痛苦。这些方法都不错，您不妨也试试。

---

1. 切勿 qiè wù never / 考试前~饮酒、熬夜，最好早点儿休息。
2. 危及（动）wēijí to threaten / ~生命 | ~国家安全
3. 欠（动）qiàn to owe; to be lack of / ~钱 | ~考虑 | ~打 | ~管教
4. 瑞典（专）Ruìdiǎn Sweden
5. 有害（形）yǒuhài harmful / 抽烟、喝酒~健康。
6. 信号（名）xìnhào signal / 这里的手机~不太好，我换一个地方再给你打电话。
7. 调节（动）tiáojié to adjust / 水能~动物的体温。| 经过水库的~，航运条件大为改善。
8. 基因（名）jīyīn gene
9. 频繁（形）pínfán frequent 交往~ | ~接触 | 这条道路~发生交通事故。
10. 姿势（名）zīshì pose; gesture / 摆~ | 她跳舞的~很优美。
11. 球童（名）qiútóng caddie
12. 跪（动）guì to kneel / 下~ | ~在地上
13. 腰椎病（名）yāozhuībìng lumbar vertebra disease
14. 不妨（副）bùfáng there is no harm in doing sth. / 这种办法没有用过，~试试。| 有什么意见，~当面提出来。

第 9 课　运动健身

无论是换工作还是换姿势，都是为了避免久坐。比起您的健康，任何理由都不是理由；为了您的生命，千万不要寻找借口。站着、跪着、走着、跳着，就是不要坐着。

练习　Exercises

一　判断对错

☐ 1. 很多人不知道久坐会加大死亡的危险。
☐ 2. 一位英国科学家提出了久坐对身体有害的观点。
☐ 3. 当运动员能保证有足够的运动量。
☐ 4. 站着办公能彻底治疗腰椎病。
☐ 5. 频繁地改变坐姿对健康有好处。
☐ 6. 为了身体健康应该不断地换工作。

二　根据文章内容选择正确答案

1. 下列姿势时间越久对健康越不利的是_____。
   A. 站　　　　　　　　　　　　B. 跪
   C. 走　　　　　　　　　　　　D. 坐

2. 下列工作对身体的活动量要求不高的是_____。
   A. 办公室职员　　　　　　　　B. 舞蹈演员
   C. 餐厅服务员　　　　　　　　D. 高尔夫球童

3. 坐_____后身体调节基因将会停止。
   A. 1 小时　　　　　　　　　　B. 2 小时
   C. 3 小时　　　　　　　　　　D. 4 小时

4. 下列疾病与久坐有关的是_____。
   A. 感冒　　　　　　　　　　　B. 腰椎病
   C. 头疼　　　　　　　　　　　D. 胃病

5. 下列与文章内容不符的是_____。
   A. 久坐会增加死亡的风险
   B. 久坐的人容易得腰椎病
   C. 让身体时刻处于活动的状态有利健康
   D. 坐着喝咖啡对健康不利

6. 如果给文章加一个题目，最合适的是_____。
   A. 运动与健康的关系　　　　　　B. 换工作有利健康
   C. 久坐有害健康　　　　　　　　D. 健康最重要

三 根据文章内容回答问题

1. 为什么说久坐对健康不利？
   _____

2. 请举例说明不需要久坐的工作。
   _____

3. 若在办公室上班，有什么好办法改变久坐的状态？
   _____

4. 为了身体健康，作者的中心观点是什么？
   _____

四 填入合适的名词

危及（　　）　发表（　　）　选择（　　）　保证（　　）　放弃（　　）
发出（　　）　联络（　　）　减轻（　　）　避免（　　）　改变（　　）

五 选词填空

1. 由于对可能遇到的问题_____不足，他们在比赛中失败了。　（估计｜恐怕）
2. 在父母和朋友们的_____鼓励下，他重新找到了自信。　（频繁｜不断）
3. 受经济危机的影响，这家公司的出口额_____了很多。　（减轻｜减少）
4. 他_____有事，先走了。　（理由｜借口）
5. 为了准备这次演讲_____，大家已经连续工作两周了。　（活动｜运动）
6. 自从被男朋友_____以后，她整天以泪洗面。　（放弃｜抛弃）

第9课　运动健身

六　用所给词语或句式完成对话

1. A：你知道玛丽最近为什么不来上课吗？　　　　　　　　　　（恐怕）
   B：_____。
2. A：听说你们班昨天去唱KTV了，玩儿得怎么样？　　　　　（不幸的是）
   B：_____。
3. A：学校规定，所有在校学生需出示学生证才能进入校园。　（也就是说）
   B：_____。
4. A：这个暑假你打算做什么？　　　　　　　　　　　（或者……，或者……）
   B：_____。
5. A：北京哪些地方值得去看一看？　　　　　　　　　　（比如……等等）
   B：_____。
6. A：周五晚上你有时间吗？我想邀请你参加我的生日会。（无论……都……）
   B：_____。

写　作

一　热身活动

你知道议论文段落之间用哪些词连接吗？怎么结尾？跟记叙文结尾方式一样吗？

二　写作任务

[任务1] 议论文的段落连接

学一学

常用句式和词语	例句
总之	你可以选择站着、跪着，也可以走着、跳着，总之，就是不要坐着。

(续表)

常用句式和词语	例句
无论如何	做父母的无论如何都不会抛弃自己的孩子。
无论……都……	他无论怎么吃都不会变胖。
综上所述	综上所述,教育问题不仅关系到每一个家庭,也关系到国家的未来,必须引起大家的重视。
之所以	我们之所以要考试,是为了让学生更好地掌握所学知识。
也就是说	她说自己只是他的一个普通朋友,也就是说,他们俩没有恋爱关系。
既然如此	既然如此,这段关系就没有继续发展下去的必要了。
所谓	他口中的所谓"关心",不过是控制别人的一种手段。

练一练

选词填空

> 总之　无论如何　综上所述　之所以　也就是说　既然如此　所谓

自古以来,人们都喜欢狗。理由有二:一是狗对主人忠诚,二是狗通人性。狂_____能够做到这些,是有原因的。我们在喜欢狗的同时,也需要知道狗为什么让人喜欢。

狗的忠诚有目共睹。狗对人忠诚,有两个原因:一是对母亲的依恋信赖,二是对群体领袖的忠诚服从。_____,狗对主人的忠诚,其实是狗对母亲或群体领袖忠诚的一种转移。

狗通人性也让人喜欢。_____狗通人性,就是狗会向人表达它的情感。比如,一条狗会把头放在主人的膝盖上以示亲爱,或者把前脚抬起放在人的手中以示友好。那么,狗对人表达情感的能力,从何而来?一位动物学家指出,这种能力,与狗的本能无关。狗的这种能力,是它们在与人的交往中,通过学习获得的。

第 9 课　运动健身

_____，狗的忠诚出于本能，狗通人性来自学习。人与狗的相处，需要彼此了解，也需要互相学习。_____，就让我们和狗狗加深了解，和睦相处吧。

[任务 2] 议论文的结尾

学一学

议论文的结尾中一般包括以下内容，可以都包括，也可以只写其中一两点。
1. 题目：最好写出题目的内容；
2. 开头：用不同的句子呼应开头；
3. 中间：总结中间几段的内容；
4. 结论：回答开头提出的问题，写出结论；
5. 感悟：表达自己的看法。
如：

题目：《谁在帮助运动员》

开头：运动员是很容易出名的，很可能通过一次比赛，就能让人们一下子记住。而人们不知道的是，在他们背后还有很多人在帮助他们，其中包括教练、医生和营养师等。他们用科学的方法研究、训练运动员，如果没有他们，恐怕没有一个运动员能够成功。因此，我们有必要了解一下他们的工作。

结尾：中国之所以能够成为体育大国，能够出现这么多的优秀运动员，除了他们自身的努力之外，很重要的因素是他们背后这支团队。在优秀的教练、医生和营养师的帮助下，运动员可以充分发挥他们的优势，在比赛中获得更好的成绩。

结尾与文章其他部分的关系：

题目	题目：谁在帮助运动员 结尾：在优秀的教练、医生和营养师的帮助下……
开头	开头：在他们背后还有很多人在帮助他们，其中包括教练、医生和营养师等。 结尾：很重要的因素是他们背后这支团队。在优秀的教练、医生和营养师的帮助下……
中间	中间：1. 教练；2. 医生；3. 营养师。 结尾：在优秀的教练、医生和营养师的帮助下……

（续表）

结论	开头提出的问题：他们用科学的方法研究、训练运动员，如果没有他们，恐怕没有一个运动员能够成功。 结尾得出的结论：在优秀的教练、医生和营养师的帮助下，运动员可以充分发挥他们的优势，在比赛中获得更好的成绩。
感悟	中国之所以能够成为体育大国，能够出现这么多的优秀运动员，除了他们自身的努力外，很重要的因素是他们背后这支团队。

练一练

1. 找出以下内容与结尾的关系

题目：《切勿久坐》

开头：久坐对健康不利，这一点估计很多人都知道。但久坐会危及生命，恐怕就没有那么多人知道了。人们坐的时间越长，对健康影响越大。有些人觉得只要找时间去去健身房、打打乒乓球或羽毛球，把忙的时候"欠"的运动量补回来就好了。不幸的是，科学研究告诉我们：这不可能！一位瑞典科学家在《英国运动医学》杂志上发表文章说："连续坐4个小时后，身体就开始发出有害信号。"也就是说，人体的生理调节基因将关闭。改变的方法只有两种：或者改变久坐的生活状态，或者用各种方式去频繁打断坐着的姿势。

结尾：无论是换工作还是换姿势，都是为了避免久坐。比起您的健康，任何理由都不是理由；为了您的生命，千万不要寻找借口。站着、跪着、走着、跳着，就是不要坐着。

题目	题目：切勿久坐 结尾：
开头	开头：久坐对健康不利，改变的方法只有两种。 结尾：
中间	中间：1.换工作；2.换姿势。 结尾：
结论	开头提出的问题：久坐对健康不利，改变的方法只有两种。 结尾得出的结论：
感悟	比起您的健康，任何理由都不是理由；为了您的生命，千万不要寻找借口。

| 第 9 课 | 运动健身 |

2. 根据下面文章的结尾填表

题目：《中国人和美国人的恋爱差异》

开头：爱情是美好的，我们大多数人一生中至少要谈一场恋爱。但中国人和美国人在恋爱婚姻上却有很大的差异。中国人谈恋爱大多是为了结婚，因此比较现实和理智，美国人谈恋爱则比较感性；中国人选择恋爱对象时限制比较多，范围比较小，而美国人的选择范围就大一些；中国人谈恋爱要考虑其他人的看法，而美国人则比较关注自己的感受。同样是谈恋爱，内容却又如此不同。

结尾：恋爱中的理性和感性，选择的多和少，他人意见和个人感受，只是中美文化差异的一部分，也许还有更多不同。但不管怎样，爱的感觉很好。

题目	题目： 结尾：
开头	开头： 结尾：
中间	中间： 结尾：
结论	开头提出的问题： 结尾得出的结论：
感悟	

3. 给下面的文章加一个结尾

赠人玫瑰　手留余香

　　我们生活在人群中，每天都要跟人接触。怎样才能保持良好的人际关系呢？试一试微笑、赞美、宽容和感恩吧，它会给你的生活带来很多愉快的感受，使你的人生更加美丽。

　　微笑是人际交往的通行证。遇到陌生人微笑，表示和善友好；产生误会时微笑，表示胸怀大度。微笑是"阳光"，能够融化冰雪；微笑是"良药"，能够治愈心灵的伤痛；微笑是世界上最廉价而又最有效的"润滑剂"，能使人际关系和谐、融洽！

赞美是一份礼物。莎士比亚说过:"赞美是照在人心灵上的阳光,没有阳光,我们就不能生长。"被人赞美,让我们感觉到自己被关注着;被人赞美,让我们感觉到自己被喜欢着;被人赞美,让我们感觉到自己被尊重着。既然我们都希望得到他人的真诚赞美,那么,我们就应该学会真诚地去赞美他人。

　　宽容是一种美德。雨果说过:"世界上最宽阔的是海洋,比海洋更宽阔的是天空,比天空更宽阔的是人的胸怀。"而当宽容占据了我们的心房,生活就会充满阳光。土地宽容了种子,才拥有了收获;大海宽容了江河,才拥有了浩瀚;天空宽容了云霞,才拥有了神采;我们学会了宽容,才会拥有更多的朋友!

　　学会感恩就能拥有幸福。没有阳光,就没有温暖;没有地球,就没有生命;没有父母,就没有我们;没有亲情、友情和爱情,世界就会是一片孤独和黑暗……我们要感谢父母的养育之恩,感谢师长的谆谆教诲,感谢朋友的真诚关怀,感谢同事的支持协作;感谢每一缕阳光,感谢每一阵清风,感谢每一朵白云,感谢每一叶小草,是它们带给我们美好的心情,让我们体会到自然与生命的美妙……因为感恩,所以幸福。

　　结尾:

　　_____
　　_____
　　_____
　　_____

三 实战练习

1. 选择一个题目,写一篇400字左右的议论文

　　参考题目:情绪和健康的关系　运动的好处　决定幸福的因素
　　参考句式和词语:

> 恐怕　不幸的是　也就是说　或者……,或者……　比如……等等
> 无论……都……　总之　无论如何　综上所述　之所以　既然如此

2. 跟同学交换初稿，并完成练习

（1）各段内容都清楚吗？有什么需要补充？

（2）找出同学作文中的错误并修改；

（3）找出同学作文中的好句子，试着用到你的作文中。

四 定稿

请把修改后的作文写在作文纸上。

第10课 名人故事

配套资源

阅读（一）

请介绍一位你最喜欢的作家以及他（或她）的一部作品，并陈述喜欢的理由。

才女杨绛①

2016年5月25日，105岁的杨绛走了。她是中国著名的翻译家、作家、戏剧家，也是一个好妻子、好母亲，最让人敬佩的是她的智慧和品格。

杨绛是个才女。她会说英语、法语、西班牙语，她翻译的《唐·吉诃德》②被认为是最好的翻译版本；她创作的剧本《称心如意》，在舞台上演了60多年，2014年还在公演。她一生都在写作，她的作品《老王》被选入初中课本，《洗澡》翻译成了法语，《干校六记》有英语、法语和日语译本。2003年，93岁的杨绛出版了散文集《我们仨》，谈她一家三口平静快乐的生活；96岁时，她又出版了散文集《走到人生边上》，讲她的人生感悟；102岁时，杨绛出版了250万字的《杨绛文集》。

1. 敬佩（动）jìngpèi to admire / 我～他的勇气。
2. 智慧（名）zhìhuì wisdom / 她的话充满～。
3. 品格（名）pǐngé character and morals / ～高尚｜她有着高贵的～。
4. 称心如意 chènxīn-rúyì to have sth. as one whishes / 他找到了～的太太。
5. 仨（数量）sā 三个（后面不能再接"个"或其他量词）/ ～人｜哥儿～
6. 感悟（动）gǎnwù to be moved and comprehend / ～道理｜他从这个故事中～到人生的意义。

第10课　名人故事

杨绛是个贤妻。她21岁时认识了清华才子钱钟书，两人一见钟情，恋爱时的书信就有600多封。杨绛23岁结婚，与钱钟书携手走过了一生。她曾说："我一生最大的功劳，就是保住了钱钟书的淘气和那一团痴气，让他的天性没有受到压迫，没有受到损伤。"钱钟书弄脏了房东家的桌布，杨绛说："不要紧，我会洗。"家里的门关不上了，杨绛说："不要紧，我会修。"钱钟书生病了，杨绛说："不要紧，我会治。"在杨绛面前，钱钟书就像一个孩子。有一次，杨绛读到一位英国作家谈最理想的婚姻："我见到她之前，从未想到要结婚；我娶了她几十年，从未后悔娶她，也未想过要娶别的女人。"把它念给钱钟书听，钱钟书说："我和他一样。"杨绛说："我也一样。"钱钟书曾经说过，他一生中最得意的作品，便是娶了杨绛做妻子。

杨绛有着过人的智慧。她的《一百岁感言》中有这样一段话："上苍不会让所有幸福都集中到某个人身上，得到爱情未必拥有金钱；拥有金钱未必得到快乐；得到快乐未必拥有健康；拥有健康未必一切都会如愿以偿。保持知足常乐的心态才是淬炼心智、净化心灵的最佳途径。"杨绛追求"内心的淡定与从容"，她不求名利，谢绝采访，因为她知道："世界是自己的，与他人毫无关系。"

钱钟书给杨绛的评价是："最贤的妻，最才的女。"一个女人可以如此聪慧，又如此温暖，让人感觉"活着真有希望，可以那么好"。

7. 痴气（名）chīqì silliness / 成人也需要一点儿~。
8. 压迫（动）yāpò to oppress; oppression / ~人 | 反抗~ | 老板的~终于让他受不了了，于是跟老板吵了一架。
9. 感言（名）gǎnyán reflective comments / 获奖~ | 他在毕业~中感谢了他的老师和同学。
10. 上苍（名）shàngcāng Heaven / ~保佑 | 她多么希望~再给她妈妈10年的生命！
11. 淬炼（动）cuìliàn to quench / 在~中成长 | 困难可以~一个人的意志。
12. 途径（名）tújìng way / 寻找解决问题的~ | 这是最便捷的~。
13. 谢绝（动）xièjué to refuse politely / ~参观 | 婉言~ | 他说要请我吃饭，我~了。
14. 聪慧（形）cōnghuì intelligent / 天资~ | 她是一个~的女人。

注释

① 杨绛（1911—2016），本名杨季康，江苏无锡人，中国著名的作家、戏剧家、翻译家。

② 《唐·吉诃德》是西班牙作家米盖尔·德·塞万提斯（1547—1616）于1605年和1615年分两部分出版的长篇反骑士小说：*El ingenioso hidalgo don Quijote de la Mancha* (1605), *Segunda parte del ingenioso caballero don Quijote de la Mancha* (1615)。文学评论家称《唐·吉诃德》是西方文学史上的第一部现代小说，也是世界文学的瑰宝之一。

练习 Exercises

一 判断对错

☐ 1. 杨绛会说四种语言。
☐ 2. 杨绛在她90多岁的时候还创作出了两本小说。
☐ 3. 杨绛在她的散文集《我们仨》中谈到了她对人生的感悟。
☐ 4. 杨绛与丈夫一生一共写了600多封书信。
☐ 5. 钱钟书对杨绛的评价是"最贤的妻，最才的女"。

二 根据文章内容选择正确答案

1. 关于杨绛，下列说法错误的是_____。
   A. 她是中国著名的作家   B. 她出生于中国的江西省
   C. 她会说西班牙语   D. 她将《唐·吉诃德》翻译成了中文

2. 杨绛的作品中被翻译成法语的是_____。
   A.《称心如意》与《我们仨》 B.《走到人生边上》与《洗澡》
   C.《洗澡》与《干校六记》   D.《老王》与《干校六记》

3. 讲述杨绛一家快乐生活的作品是_____。
   A.《老王》   B.《一百岁感言》
   C.《走到人生边上》   D.《我们仨》

4. 不属于钱钟书对杨绛的评价的是_____。
   A. 乐观   B. 贤惠
   C. 聪慧   D. 有才

第10课 名人故事

5. 以下不是出自杨绛之口的是 _____。
   A. 我保住了钱钟书的天性　　　B. 我追求内心的淡定与从容
   C. 活着真有希望　　　　　　　D. 世界是自己的，与他人无关

三　根据文章内容填空

1. 她是中国著名的（　　　）、作家、戏剧家，也是一个好妻子、好母亲，最让人敬佩的是她的（　　　）和（　　　）。
2. 她创作的（　　　）《称心如意》，在（　　　）上演了60多年，2014年还在（　　　）。
3. 她（　　　）都在写作，她的作品《老王》被（　　　）初中课本。
4. 杨绛23岁结婚，与钱钟书（　　　）走过了一生。
5. 她一生最大的功劳，就是保住了钱钟书的（　　　）和那一团（　　　），让他的天性没有受到压迫，没有受到（　　　）。
6. 钱钟书曾经说过，他一生中最（　　　）的作品，便是（　　　）了杨绛做妻子。
7. （　　　）不会让所有幸福都（　　　）到某个人身上，得到爱情未必拥有金钱；拥有金钱未必得到快乐；得到快乐未必拥有健康；拥有健康未必一切都会（　　　）。保持知足常乐的心态才是淬炼心智、（　　　）心灵的最佳途径。
8. 钱钟书给杨绛的评价是："最（　　　）的妻，最（　　　）的女。"

四　选择合适的词语填空

> 敬佩　拥有　保持　谢绝　评价　追求　压迫　淬炼　出版　感悟

1. 老师对这个学生的（　　　）是：做事认真，乐观开朗。
2. 这本小说是2011年在英国（　　　）的。
3. 为了（　　　）身体健康，他养成了良好的饮食和运动习惯。
4. （　　　）了财富，就一定能得到幸福的人生吗？
5. 我（　　　）他无论是家庭还是事业都那么成功。
6. 这件事让我（　　　）到平安是福。
7. 反抗（　　　）最好的方式，就是让自己变得强大。
8. 人生的苦难可以（　　　）一个人的心智与意志。

9. 这家工厂（　　　）无关人员参观。
10. 为了（　　　）自己喜欢的姑娘，他下了很多功夫。

阅读（二）

你是什么性格的人？你相信人能改变性格或命运吗？

海明威魔咒

我的爷爷是一位作家，他于1954年获得诺贝尔文学奖，代表作是《老人与海》，他的名字叫欧内斯特·海明威。他很有名，然而几十年来，疾病都在危害着他的家族。爷爷在我出生前几个月因抑郁症而自杀，他的父亲也死于抑郁症。他的妹妹、弟弟、我的一个叔叔、两个姐姐后来也因酗酒、吸毒、抑郁症或其他疾病而死。人们都说海明威家族被诅咒了，所有家庭成员都将不得善终。

我的父亲作为海明威的儿子，觉得自己一辈子也比不上爷爷，因此信心不足，自我怀疑。我的母亲很漂亮，却也很痛苦。她的第一任丈夫死于"二战"，和我父亲结婚后，她一直觉得父亲不是她最心爱的人。他们的婚姻很不稳定，几乎每天都发火。

1. 魔咒（名）mózhòu spell; curse
2. 诺贝尔文学奖（专）Nuòbèi'ěr Wénxuéjiǎng Nobel Prize for Literature
3. 代表作（名）dàibiǎozuò representative work / 意大利文艺复兴时期的代表人物达·芬奇的绘画～是《蒙娜丽莎》。
4. 欧内斯特·海明威（专）Ōunèisītè Hǎimíngwēi Ernest Hemingway
5. 家族（名）jiāzú family / 这个～在当地非常有影响力。
6. 抑郁症（名）yìyùzhèng depression
7. 酗酒（动）xùjiǔ alcoholism / ～滋事 | ～有害健康。
8. 诅咒（动）zǔzhòu to curse / 他～伤害动物的人不得好报。
9. 善终（动）shànzhōng to have a peaceful death / 他是个好人，一定会有～。
10. 自我（名）zìwǒ oneself / ～批评 | ～介绍
11. 任（量）rèn a measure word for a period of an assignment or a status / 前～女友 | 继～校长
12. 二战（专）Èrzhàn The World War II

第10课　名人故事

　　只有吃饭会让全家高兴。实际上，它是我们改善关系、避免争吵的有效途径。全家人都会关心晚餐做什么，一顿饭还没吃完，我们已经在计划下一顿了。每天晚上6点是"葡萄酒时间"，一杯酒下肚，一切都是快乐和笑脸，但如果不能及时停下来，四杯酒过后，家庭战争就无法避免。

　　我16岁离开家乡，到好莱坞当了演员。为了保证不会发胖、生病或发疯，我下定决心要打败家族的基因，因为我想健康地活下去。我觉得控制饮食是最好的方法，于是我几乎尝试了每一种食疗方法，有一年我甚至除了水果和咖啡之外什么都不吃，但是我的身体状况却毫无改善。

　　我想起自己小的时候，父亲常常去钓鱼，家里每天都有新鲜鱼肉。我们还经常吃菜园里新鲜蔬菜拌成的沙拉。我知道没有污染的食物不仅对生理健康有益，对心理健康也有好处。于是我开始吃最天然的食物，又戒掉了喝咖啡的习惯，每天做瑜伽，我的身体一天比一天好，全家人其乐融融。

　　后来我在电视电影界都取得了不错的成绩，获得了奥斯卡最佳女配角奖提名，还登上《人物》杂志的封面。最近我又开办了自己的瑜伽健身房，写作出版了好几本关于生理和心理健康的书。我还准备去巴黎当导演，把爷爷的一部小说拍成电影。我的努力让我充满信心：我终于打败了海明威家族的魔咒！

（选自《意林》2009年第20期，[美]玛丽尔·海明威，彭嵩嵩译，有改动）

13. 下肚 xià dù to be eaten or drunk / 一杯白酒~，他就开始又哭又闹。
14. 好莱坞（专）Hǎoláiwù Hollywood
15. 打败（动）dǎbài to defeat / 我们队~了那支强队。
16. 控制（动）kòngzhì to control / ~人数 | 自动~
17. 尝试（动）chángshì to try / 他们为了解决这个问题，~过各种方法。
18. 食疗（名）shíliáo food therapy / 中国人喜欢用~的办法改善体质。
19. 拌（动）bàn to mix / 天气热的时候，他喜欢吃凉~菜。
20. 沙拉（名）shālā salad / 水果~
21. 有益（形）yǒuyì useful; helpful / 睡前喝些牛奶或葡萄酒~于睡眠。
22. 瑜伽（名）yújiā yoga / 做~ | 练~
23. 其乐融融 qílè-róngróng happy and harmonious / 老人看着一家~的样子，觉得非常幸福和满足。
24. 奥斯卡（专）Àosīkǎ Oscar
25. 最佳（形）zuìjiā best / ~女演员奖
26. 配角（名）pèijué supporting role / 这个男演员获得了最佳男~奖。
27. 提名 tí míng to nominate / 他被~为下届学生会主席。
28. 登（动）dēng to publish / ~报 | 他的名字~上了光荣榜。
29. 封面（名）fēngmiàn cover / 杂志的~
30. 巴黎（专）Bālí Paris
31. 导演（动、名）dǎoyǎn to direct; director / 他~过五部电影。| 他是一位出色的电影~。

131

练习 Exercises

一 判断对错

☐ 1. 作者家族的人都死于抑郁症。
☐ 2. 作者的父母感情不好,每天都吵架。
☐ 3. 作者的第一个职业是演员。
☐ 4. 作者认为最健康的生活方式就是每天做瑜伽。
☐ 5. 作者曾获得过奥斯卡最佳女配角奖提名。

二 根据文章内容选择正确答案

1. 关于作者的爷爷,下列说法与文章内容相符的是_____。
   A. 死于酗酒和吸毒   B. 曾获得过诺贝尔化学奖
   C. 作者没见过他   D. 他所有的作品都被拍成了电影

2. 下列与文章内容不符的是_____。
   A. 父母的关系不太好   B. 全家人都对饮食感兴趣
   C. 作者在表演方面取得了成功   D. 作者也没能逃脱家族的魔咒

3. 关于作者的职业描述正确的是_____。
   A. 瑜伽馆老板   B. 当过导演
   C. 当过画家   D. 当过模特

4. 下列方式中,使作者健康起来的是_____。
   A. 只吃水果和咖啡   B. 吃没被污染的食物
   C. 每天游泳和跑步   D. 每天晚上喝葡萄酒

5. 作者是通过_____打败海明威家族的魔咒的。
   A. 控制体重   B. 经常去医院看医生
   C. 努力拍电影   D. 健康的生活方式和积极的人生态度

第 10 课　名人故事

三　根据文章内容回答问题

1. 请简述作者的爷爷是一个怎样的人。
　　_____
　　_____

2. 海明威家族的魔咒是指什么？
　　_____
　　_____

3. 作者的父母感情出现了什么问题？
　　_____
　　_____

4. 为什么说共进晚餐时是全家人最幸福的时光？
　　_____
　　_____

5. 作者选择了用什么方式去打败家族的魔咒？
　　_____
　　_____

6. 请简述作者取得的成就。
　　_____
　　_____

四　词语搭配

1. 填入合适的量词

　　一（　　）作家　一（　　）饭　一（　　）方法　一（　　）酒
　　一（　　）电影　一（　　）鱼　一（　　）小说　一（　　）健身房

2. 填入合适的名词

　　避免（　　）　充满（　　）　控制（　　）　拌（　　）　戒掉（　　）
　　取得（　　）　开办（　　）　出版（　　）　当（　　）　打败（　　）

五 把下面的词语、拼音和句子连接起来

疾病	xìnxīn	为了（　　）迟到，他每天坐地铁上班。
危害	yǐnshí	中国丰富的（　　）文化深深地打动了他。
信心	jíbìng	对待任何（　　），预防永远比被动的治疗要好。
避免	bìmiǎn	幸亏你（　　）给我送伞，否则我一定会被雨淋的。
及时	wēihài	不管发生什么（　　），我永远都跟你在一起。
饮食	zhuàngkuàng	朋友的支持与鼓励，让我重新对自己充满了（　　）。
污染	jíshí	在电脑前久坐的人，往往会（　　）到视力和脊椎健康。
状况	shēnglǐ	孩子出现（　　）变化是很正常的事情，家长不用紧张。
生理	wūrǎn	日益严重的空气（　　）问题引起了专家们的忧虑。

写 作

一 热身活动

写作时，需要写出人物感情。感情可以用表现心理活动的词语或表达方式进行描写。请分小组讨论，你学过哪些表示心理活动的词语？把它们都写出来。

二 写作任务

[任务 1] 人物心理描写

第10课　名人故事

学一学

心理活动词语

正面词语					负面词语				
高兴	甜蜜	平静	坦然	愉快	烦恼	孤独	糊涂	痛苦	难过
温暖	贴心	宽容	美好	温和	紧张	担心	害怕	激动	不安
喜欢	想念	自信	好奇	快乐	不满	生气	自卑	仇恨	嫉妒
幸福	感激				愤怒				

心理活动表达方式

常用句式和词语	例句
又……又……	又着急又害怕／又气又急／又羞又恼／又喜又愁／又惊又喜
像	我的心像刀绞一般，泪水模糊了我的眼睛。 看到他们，我心里像打翻了五味瓶，真不是滋味。 收到录取通知书，我抑制不住内心的喜悦，像小鸟一样飞进了家门。
好像	大家心里说不出有多高兴，脚下好像生了风，走得又快又有劲。 顿时，我好像掉进了冰窖里，从头顶凉到了脚尖。
如同	姐姐顿时欢天喜地，嘴咧得如同一朵绽放的荷花，久久不能合拢。
好似	他眼里闪烁着一股无法遏止的怒火，牙齿咬得咯咯作响，好似一头被激怒的狮子。
似乎	她气得发抖，眼睛似乎在冒火。
如……一样	他在一昼夜里积压的怒气如火山一样爆发了。
仿佛	小猴贴着玩具熊，仿佛回到了妈妈的怀抱，一下子安静下来了。

练一练

1. 在下文中找出描写心理活动的词语

　　这时她突然想起来，自己忘记拿包了！她呆住了，里面的人民币是一个巨大的数字：十万元。她又着急又害怕，血液仿佛停止了流动。她愁得要命，给朋友们打电话，问他们怎么办。朋友告诉她，处在这样一种情况，她只能站在下车的地方等。

（1）_____
（2）_____
（3）_____

2. 选用指定词语填空（个别词语可使用两次）

> 幸福　喜欢　愉快　美好　烦恼　自信　温和　平静

　　女人为什么_____跳舞？因为舞蹈不仅可以让人心情_____，暂时忘掉_____，还能让生命变得更_____。

　　美丽的女人脸上总是带着微笑，跳舞本来就是一件令人_____的事情。

　　如果生活中有了_____，去跳跳舞，就会忘记一切。

　　跳舞带来的姣好的身材能够增加女人的_____，让她们心情_____，语气_____，更有女人味。

　　为了成为一个_____的女人，去跳舞吧！

3. 描写以下图片，每个图片用10个词语

> 高兴　甜蜜　平静　坦然　愉快　温暖　贴心　宽容　美好　温和　喜欢
> 想念　自信　好奇　快乐　幸福　感激　烦恼　孤独　糊涂　痛苦　难过
> 紧张　担心　害怕　激动　不安　不满　生气　自卑　仇恨　嫉妒　愤怒

第 10 课　名人故事

（1）

（2）

4. 用以下词语或句式完成短文（不少于 100 字）

> 果然　突然　可是　但是　让人没想到的是　却　开心　紧张　失望
> 放松　激动　兴奋　幸福　心怦怦直跳　好像　似乎　又……又……

第一次约会

一场精彩的比赛

[任务 2] 哈佛写作五要素

> 学一学

一、写——重写——再修改：写作没有别的方法，只有一写再写，才能写出精彩的文章。

二、从别人的批评中得到建议：别人比我们自己客观，他们的批评很有帮助，他们的疑问可以让我们想得更清楚，最好有不赞同的意见，可以让我们表明观点。

三、要有推论、重点及观点：没有重点，文章再美、文法再好都没有用。

四、要具体，推论要有充足证据，并且找出好的例子支持这些证据：如果你举不出任何具体例证，表示你可能根本没弄懂。

五、心里一定要有读者，但要写自己认为对的：写作是表达自己的观点，不要写别人的想法。

三 实战练习

1. 从以下题目中选择或自拟题目完成写作，不少于 400 字，注意人物心理活动的描写。

> 他们 我和小鸟 生活在自然中 坚强 好奇心 智慧 饮料 北京的规矩

2. 跟同学交换初稿，并完成练习
   （1）各段内容都清楚吗？有什么需要补充？
   （2）找出同学作文中的错误并修改；
   （3）找出同学作文中的好句子，试着用到你的作文中。

四 定稿

请把修改后的作文写在作文纸上。

词汇表

	A	
安排	ānpái	（3）
按	àn	（4）
奥斯卡	Àosīkǎ	（10）
	B	
巴黎	Bālí	（10）
把握	bǎwò	（4）
扳	bān	（4）
拌	bàn	（10）
煲	bāo	（5）
保证	bǎozhèng	（9）
悲惨	bēicǎn	（5）
背影	bèiyǐng	（4）
被子	bèizi	（5）
比较而言	bǐjiào ér yán	（7）
笔试	bǐshì	（3）
必要	bìyào	（9）
表格	biǎogé	（3）
冰雪	bīngxuě	（2）
不断	búduàn	（3）
不快	búkuài	（5）
补充	bǔchōng	（9）
不成敬意	bù chéng jìngyì	（7）
不妨	bùfáng	（9）
不可避免	bùkě-bìmiǎn	（7）
	C	
财富	cáifù	（6）
测试	cèshì	（9）
差异	chāyì	（7）
长风	Chángfēng	（4）
尝试	chángshì	（10）

尘世	chénshì	（1）
称心如意	chènxīn-rúyì	（10）
成功	chénggōng	（3）
成就	chéngjiù	（8）
成立	chénglì	（3）
痴气	chīqì	（10）
充分	chōngfèn	（9）
酬劳	chóuláo	（5）
出版	chūbǎn	（1）
创造	chuàngzào	（6）
春风	chūnfēng	（6）
次数	cìshù	（7）
刺激源	cìjīyuán	（9）
聪慧	cōnghuì	（10）
从此	cóngcǐ	（4）
淬炼	cuìliàn	（10）
	D	
沓	dá	（2）
打败	dǎbài	（10）
打车	dǎ chē	（2）
打猎	dǎ liè	（4）
打听	dǎting	（1）
大地	dàdì	（6）
代表作	dàibiǎozuò	（10）
当面	dāng miàn	（7）
当年	dāngnián	（4）
导演	dǎoyǎn	（10）
登	dēng	（10）
等待	děngdài	（1）
瞪	dèng	（5）
地下	dìxià	（6）

139

奠定	diàndìng	（8）
叠	dié	（5）
盯	dīng	（4）
懂得	dǒngde	（5）
对待	duìdài	（7）

E

恩人	ēnrén	（4）
而	ér	（6）
二战	Èrzhàn	（10）

F

发现	fāxiàn	（2）
烦恼	fánnǎo	（6）
范围	fànwéi	（7）
方式	fāngshì	（7）
方向盘	fāngxiàngpán	（4）
分别	fēnbié	（5）
风雨	fēngyǔ	（2）
封面	fēngmiàn	（10）
佛性	fóxìng	（4）
佛祖	fózǔ	（4）

G

盖	gài	（6）
甘鹿	Gānlù	（4）
甘露	gānlù	（4）
尴尬	gāngà	（3）
感恩节	Gǎn'ēn Jié	（7）
感悟	gǎnwù	（10）
感言	gǎnyán	（10）
根本	gēnběn	（1）
公主	gōngzhǔ	（4）
股	gǔ	（2）
顾及	gùjí	（7）
刮	guā	（4）
关注	guānzhù	（7）
跪	guì	（9）
果然	guǒrán	（3）
果实	guǒshí	（6）

H

海鲜	hǎixiān	（9）
杭州	Hángzhōu	（5）
好莱坞	Hǎoláiwù	（10）
核心	héxīn	（8）
后期	hòuqī	（9）
胡也频	Hú Yěpín	（5）
胡子	húzi	（5）
糊涂	hútu	（2）
画笔	huàbǐ	（6）
画面	huàmiàn	（9）
还	huán	（2）
回报	huíbào	（8）
昏	hūn	（4）
婚丧嫁娶	hūn-sāng-jià-qǔ	（7）

J

基因	jīyīn	（9）
及时	jíshí	（4）
给予	jǐyǔ	（6）
记忆	jìyì	（4）
家族	jiāzú	（10）
监狱	jiānyù	（7）
讲价	jiǎng jià	（5）
郊区	jiāoqū	（2）
教练	jiàoliàn	（9）
接风	jiē fēng	（5）
金色	jīnsè	（6）
惊呆	jīngdāi	（4）
敬佩	jìngpèi	（10）
酒席	jiǔxí	（5）
救命	jiù mìng	（4）
居高临下	jūgāo-línxià	（5）
举	jǔ	（4）
拒绝	jùjué	（6）
捐款	juān kuǎn	（8）

K

开阔	kāikuò	（6）

词汇表

开展	kāizhǎn	（3）
看重	kànzhòng	（7）
考验	kǎoyàn	（6）
客气	kèqi	（4）
控制	kòngzhì	（10）
扣	kòu	（2）
矿藏	kuàngcáng	（6）
困扰	kùnrǎo	（6）

L

喇叭	lǎba	（4）
老客户	lǎo kèhù	（5）
离婚	lí hūn	（1）
离开	lí kāi	（2）
理念	lǐniàn	（8）
理性	lǐxìng	（7）
理智	lǐzhì	（7）
利斧	lìfǔ	（5）
例外	lìwài	（4）
联合国	Liánhéguó	（5）
恋爱	liàn'ài	（6）
猎人	lièrén	（4）
猎物	lièwù	（4）
拎	līn	（5）
邻居	línjū	（5）
留	liú	（5）
录用通知书	lùyòng tōngzhīshū	（3）
鹿	lù	（4）

M

慢吞吞	màntūntūn	（4）
没命	méimìng	（4）
棉被	miánbèi	（6）
棉衣	miányī	（5）
面对	miànduì	（6）
面试官	miànshìguān	（3）
命	mìng	（4）
魔咒	mózhòu	（10）
模样	múyàng	（3）
母爱	mǔ'ài	（4）

N

南非	Nán Fēi	（5）
能源	néngyuán	（6）
农民	nóngmín	（2）
浓	nóng	（2）
诺贝尔文学奖	Nuòbèi'ěr Wénxuéjiǎng	（10）

O

欧内斯特·海明威	Ōunèisītè Hǎimíngwēi	（10）

P

拍摄	pāishè	（9）
攀岩	pānyán	（8）
配角	pèijué	（10）
批发	pīfā	（5）
偏爱	piān'ài	（9）
飘	piāo	（4）
贫民窟	pínmínkū	（5）
频繁	pínfán	（9）
品格	pǐngé	（10）
品质	pǐnzhì	（8）
平等	píngděng	（5）
平静	píngjìng	（2）
迫害	pòhài	（8）
破坏	pòhuài	（6）

Q

其乐融融	qílè-róngróng	（10）
奇怪	qíguài	（1）
棋类	qílèi	（9）
牵挂	qiānguà	（5）
前	qián	（9）
钱夹	qiánjiā	（5）
欠	qiàn	（9）
强度	qiángdù	（9）
切勿	qiè wù	（9）
亲朋好友	qīnpéng hǎoyǒu	（7）
清澈	qīngchè	（6）
囚犯	qiúfàn	（7）

球童	qiútóng	(9)

R

然而	rán'ér	(1)
人格	réngé	(8)
人间	rénjiān	(4)
人类	rénlèi	(7)
人生	rénshēng	(3)
任	rèn	(10)
如此	rúcǐ	(5)
瑞典	Ruìdiǎn	(9)

S

仨	sā	(10)
沙拉	shālā	(10)
善待	shàndài	(6)
善终	shànzhōng	(10)
伤害	shānghài	(4)
上苍	shàngcāng	(10)
上天	shàngtiān	(6)
射击	shèjī	(9)
伸出	shēnchū	(2)
生来	shēnglái	(5)
圣诞节	Shèngdàn Jié	(7)
胜者	shèngzhě	(2)
失败	shībài	(3)
失去	shīqù	(4)
诗意	shīyì	(5)
施舍	shīshě	(5)
石油	shíyóu	(6)
时刻	shíkè	(1)
实在	shízài	(5)
食疗	shíliáo	(10)
食物	shíwù	(6)
世间	shìjiān	(4)
视野	shìyě	(6)
手术费	shǒushùfèi	(4)
舒	shū	(3)
属于	shǔyú	(4)
涮羊肉	shuàn yángròu	(4)

顺着	shùnzhe	(4)
死相	sǐxiàng	(5)
寺庙	sìmiào	(4)
酸甜苦辣	suān-tián-kǔ-là	(6)
索取	suǒqǔ	(6)

T

太子	tàizǐ	(4)
坦然	tǎnrán	(6)
讨价还价	tǎojià-huánjià	(5)
提	tí	(4)
提名	tí míng	(10)
天南海北	tiānnán-hǎiběi	(5)
甜蜜	tiánmì	(6)
调节	tiáojié	(9)
贴心	tiēxīn	(5)
通讯	tōngxùn	(3)
透	tòu	(3)
突然	tūrán	(1)
途径	tújìng	(10)
团队	tuánduì	(9)
团聚	tuánjù	(2)

W

完婚	wán hūn	(4)
万万	wànwàn	(4)
网	wǎng	(4)
危及	wēijí	(9)
威严	wēiyán	(3)
伟大	wěidà	(4)
味儿	wèir	(2)
温暖	wēnnuǎn	(5)
问候	wènhòu	(3)
污水	wūshuǐ	(5)
无法无天	wúfǎ-wútiān	(1)
无情无礼	wúqíng-wúlǐ	(1)
悟	wù	(4)

X

下厨	xià chú	(5)
下肚	xià dù	(10)

下意识	xiàyìshí	(4)
鲜美	xiānměi	(5)
显而易见	xiǎn'éryìjiàn	(7)
献血	xiàn xiě	(8)
相比之下	xiāngbǐ zhī xià	(7)
小意思	xiǎoyìsi	(7)
谢绝	xièjué	(10)
心理	xīnlǐ	(5)
心意	xīnyì	(7)
心脏病	xīnzàngbìng	(4)
新西兰	Xīnxīlán	(5)
信号	xìnhào	(9)
胸口	xiōngkǒu	(4)
修炼	xiūliàn	(4)
羞于	xiū yú	(8)
需求	xūqiú	(9)
酗酒	xùjiǔ	(10)
选择	xuǎnzé	(1)
炫耀	xuànyào	(5)
雪花	xuěhuā	(6)
血印	xuèyìn	(4)
寻求	xúnqiú	(8)
训练	xùnliàn	(9)

Y

压迫	yāpò	(10)
严肃	yánsù	(3)
眼看	yǎnkàn	(4)
腰椎病	yāozhuībìng	(9)
业务	yèwù	(3)
一辈子	yíbèizi	(5)
义工	yìgōng	(5)
抑郁症	yìyùzhèng	(10)
姻缘	yīnyuán	(4)
营养师	yíngyǎngshī	(9)

拥有	yōngyǒu	(6)
永生难忘	yǒngshēng nánwàng	(4)
有害	yǒuhài	(9)
有益	yǒuyì	(10)
愉快	yúkuài	(6)
瑜伽	yújiā	(10)
玉米粉	yùmǐfěn	(5)

Z

则	zé	(7)
涨	zhàng	(5)
珍贵	zhēnguì	(4)
争吵	zhēngchǎo	(2)
征婚	zhēng hūn	(7)
芝草	Zhīcǎo	(4)
蜘蛛	zhīzhū	(4)
职位	zhíwèi	(3)
纸塔	zhǐtǎ	(5)
智慧	zhìhuì	(10)
志愿者	zhìyuànzhě	(8)
终身	zhōngshēn	(8)
周作人	Zhōu Zuòrén	(5)
注重	zhùzhòng	(7)
状态	zhuàngtài	(9)
状元	zhuàngyuan	(4)
追悔莫及	zhuīhuǐ-mòjí	(4)
追问	zhuīwèn	(5)
姿势	zīshì	(9)
资格	zīgé	(5)
自我	zìwǒ	(10)
自尊	zìzūn	(5)
足以	zúyǐ	(7)
诅咒	zǔzhòu	(10)
最佳	zuìjiā	(10)